Andreas Roser

POSTKARTEN
90 aus 1000

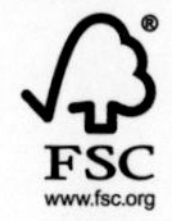

Andreas Roser

POSTKARTEN
90 aus 1000

Impressum

Bibliografische Information der Deutschen Nationalbibliothek: Die Deutsche Nationalbibliothek verzeichnet diese Publikation in der Deutschen Nationalbibliografie; detaillierte bibliografische Daten sind im Internet über http://dnb.dnb.de abrufbar.

Die automatisierte Analyse des Werkes, um daraus Informationen insbesondere über Muster, Trends und Korrelationen gemäß §44b UrhG („Text und Data Mining") zu gewinnen, ist untersagt.

© 2024 Andreas Roser

Verlag: BoD · Books on Demand GmbH, In de Tarpen 42, 22848 Norderstedt

Druck: Libri Plureos GmbH, Friedensallee 273, 22763 Hamburg

ISBN: 978-3-7597-8587-9

Vorwort

Warum wurden 1000 Postkarten im Format DIN A6 gemalt? In kleinen Bildformaten wird der Malprozess und das daraus resultierende Bild auf die wesentlichen Gestaltungselemente reduziert. Unwesentliches bleibt in kleinen Bildformaten nahezu unsichtbar. Andererseits erlaubt ein Bild, das im Postkartenformat visuell überzeugt, eine Skalierung auf größere Formate. Kleinformatige Bilder helfen also bei der Entwicklung neuer Gestaltungsideen, solche Bilder zu finden, die auch in ihrer größenskalierten Fassung nicht an Qualität verlieren. Umgekehrt sind bei großformatigen Bildern Optionen der Bildverkleinerung oft problematisch. Großformatige Bilder verlieren in der Regel ihre visuelle Überzeugungskraft, wenn sie auf Postkartengröße verkleinert werden. Abgesehen von der Problematik, hunderte von großformatigen Bildern qualitätsgerecht zu lagern, überzeugt das Kleinformat nicht nur durch seine deutlich einfachere Archivierbarkeit. Vor allem ist es die im Kleinformat unverzichtbare Reduktion auf die wesentlichen Bildelemente, die im kreativen Gestaltungsprozess in der Regel eine verlustfreie Skalierbarkeit auf Großformate erlaubt.

Kleinformatige Bilder bieten aber noch weitere Vorteile: Vermeintliche Gestaltungs- oder Farbfehler in der Produktionsphase können in der seriellen Produktion als Impulsgeber für Bildvariationen und Motivmutationen genutzt werden. Neue Bildideen entstehen quasi von selbst, wenn Abweichungen und vermeintliche Fehler in der Bildgestaltung als Ausgangspunkte für variierte neue Bilder genutzt werden.

Dass unter der großen Zahl der produzierten Arbeiten einige qualitativ überzeugender wirken, ist die natürliche Folge der zufälligen Streuung in den Ausführungsvarianten, oder anders gesagt: Wir verdanken es den glücklichen Zufällen der Mutation der Bilder, dass wir in ihnen gelegentlich qualitativ Neues entdecken. Vermeintliche Fehler erweisen sich in der seriellen Bildproduktion als wünschenswerte und unverzichtbare Voraussetzungen des Neuen. Jede neu gemalte Postkarte ist Teil einer noch zu entdeckenden Entwicklungslinie, die zu einem erheblichen Anteil durch den Zufall gesteuert wird. Bildvariationen ermöglichen eine spielerische und experimentelle Produktion und damit einen Herstellungsprozess, der sich - gleichsam beiläufig - selbst dokumentiert. Genauer betrachtet ist es der Produktionsprozess, der sich in der Abfolge von Produktionskonzept, Bildmutation und

Bildauswahl im Zuge der Herstellung hunderter bemalter Postkarten selbst vermittelt.

Das Projekt „90 aus 1000" startete Anfang Mai 2024 und endete im Juli 2024. Ziel war es, 1000 unbeschriebene Postkarten zu bemalen, um aus der Fülle des entstandenen Materials Bilder für Ausstellungen in Bad Ischl (Oberösterreich) und Passau (Niederbayern) auswählen zu können.

Arbeitstechniken

Farben lassen sich mischen, überstreichen, verwischen, rakeln, sprühen, hoch- und tiefdrucken, überdrucken, stempeln, tupfen, lasieren, abspülen, magnetisieren (mit Eisenstaub vermischen), mechanisch bearbeiten, chemisch modifizieren und generell in ihrer Oberflächenstruktur durch die Oberflächenstruktur des Farbträgers verändern. Farbflächen können poliert, geschichtet, oxidiert, geschmolzen, collagiert, gegossen, gespachtelt, verdickt, aufgeraut, geklebt, perforiert und durch verschiedene Trägermaterialien texturiert werden. Die meisten dieser Techniken wurden in diesem Projekt angewandt.

Zum Einsatz kamen Acrylfarben, Aquarellfarben, Lacke, Tusche, Kohle, Pastellkreiden, Ölpastellkreiden, Bleistifte, Filzstifte, Lippenstifte, Stofffasern und andere Materialien wie Leim, Naturkautschuk, Graphit, Leinöl, Alufolie oder Kaffee.

Foreword

Why were 1,000 postcards painted in DIN A6 format? In small picture formats, the painting process and the resulting image are reduced to the essential design elements. Non-essential elements often remain almost invisible in small formats. Conversely, a picture that is visually convincing in postcard format can be scaled up to larger dimensions without losing its impact. When developing new design ideas, small-format images are valuable as they help identify those that maintain their quality when scaled up. On the other hand, reducing large-format images to postcard size often results in a loss of visual impact. Apart from the challenge of storing hundreds of large-format images in a quality-compliant manner, the small format is appealing not only because it is easier to archive but also because its reduction to essential image elements generally allows for lossless scalability to larger formats in the creative design process.

Small-format images offer even more advantages: Supposed design or color errors in the production phase can become sources of inspiration for variations and motif mutations in serial production. New image ideas often arise almost automatically when deviations and supposed errors in image design are used as starting points for new variations. Among the large number of works produced, some appear qualitatively more convincing—this is a natural consequence of the random dispersion in execution variants. In other words, we owe it to the fortunate coincidences in image mutations that we occasionally discover something qualitatively new. Supposed errors prove to be desirable and indispensable prerequisites for innovation in serial image production. Every newly painted postcard is part of a developmental line yet to be fully explored, significantly guided by chance. Variations in images enable a playful and experimental production process that documents itself in the sequence of production concept, image mutation, and image selection during the creation of hundreds of painted postcards.

The "90 out of 1000" project began in early May 2024 and concluded in July 2024. The goal was to paint 1,000 blank postcards, from which images could be selected for exhibitions in Bad Ischl (Upper Austria) and Passau (Lower Bavaria).

Working Techniques

Colors can be mixed, painted over, smudged, squeegeed, sprayed, letterpressed, intaglio printed, overprinted, stamped, dabbed, glazed, rinsed, magnetized (mixed with iron dust), mechanically processed, chemically modified, and generally altered in their surface structure by the surface texture of the paint carrier. Paint surfaces can be polished, layered, oxidized, melted, collaged, poured, filled, thickened, roughened, glued, perforated, and textured using various carrier materials. Most of these techniques were used in this project.

Acrylic paints, watercolors, varnishes, ink, charcoal, pastels, oil pastels, pencils, felt-tip pens, lipsticks, fabric fibers, and other materials such as glue, natural rubber, graphite, linseed oil, aluminum foil, or coffee were used.

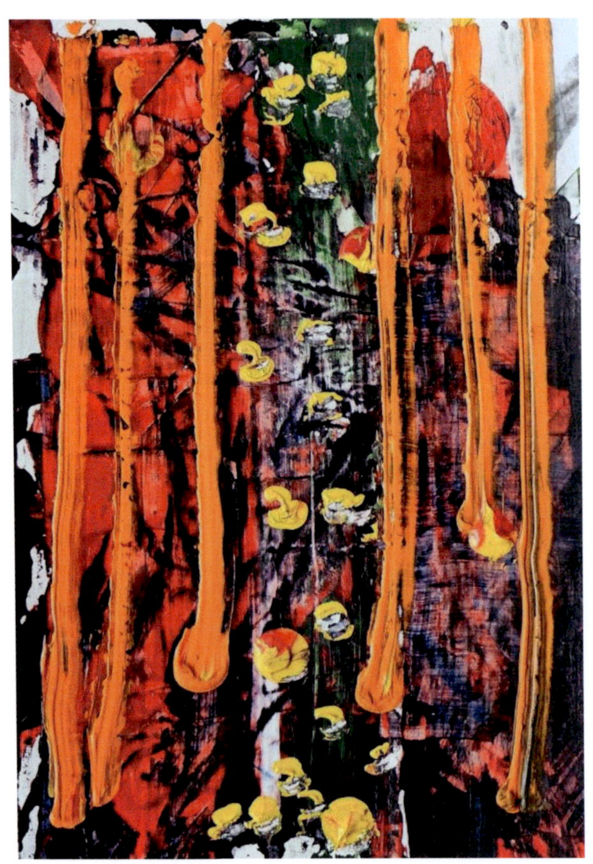

14

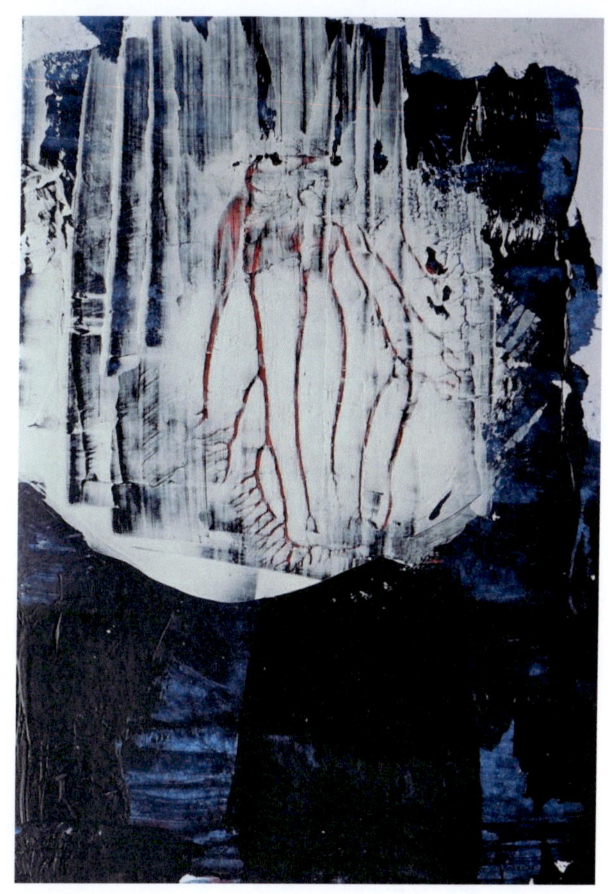

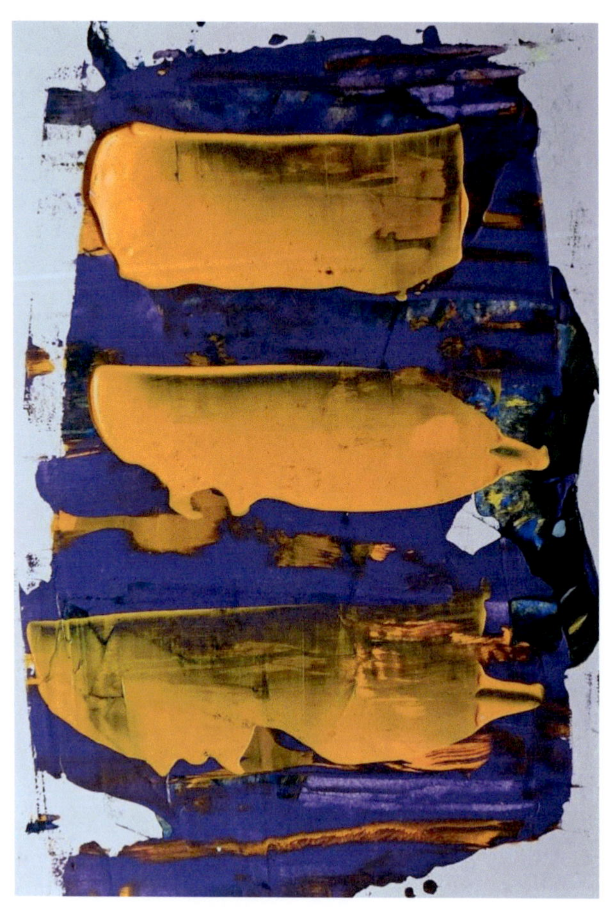

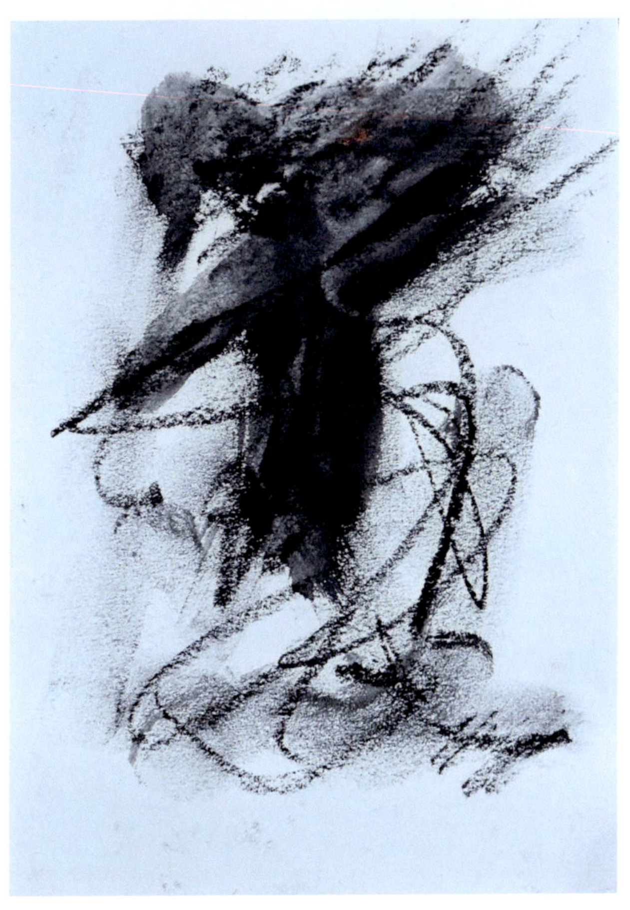

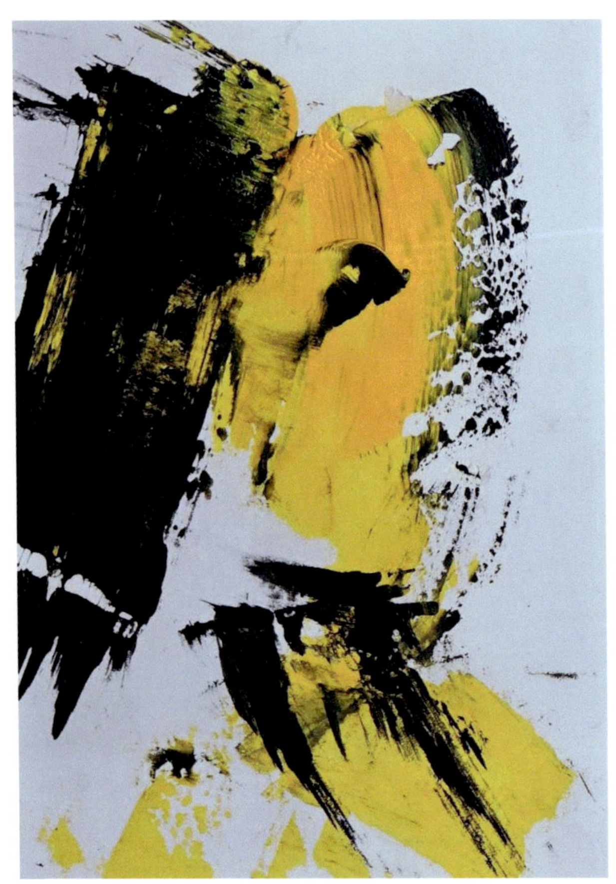

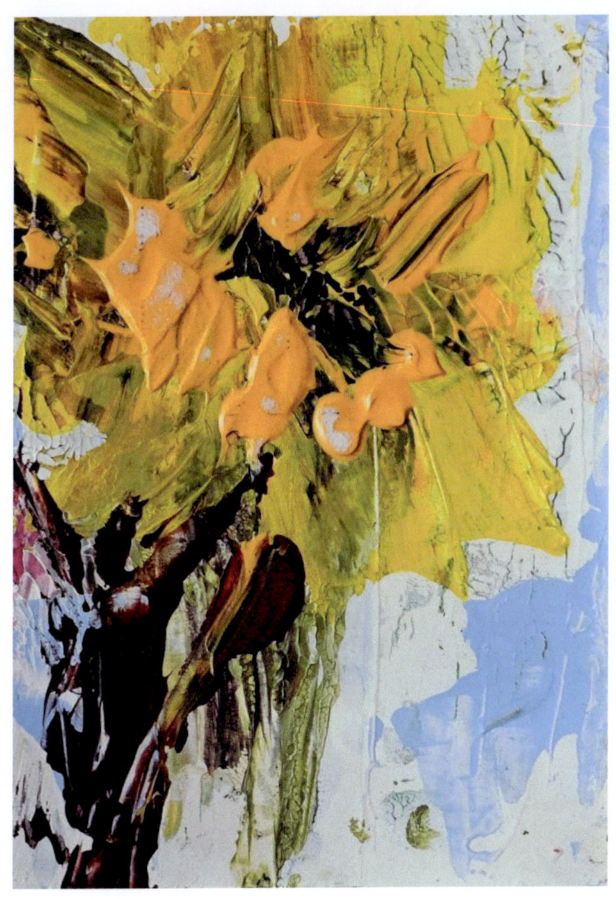

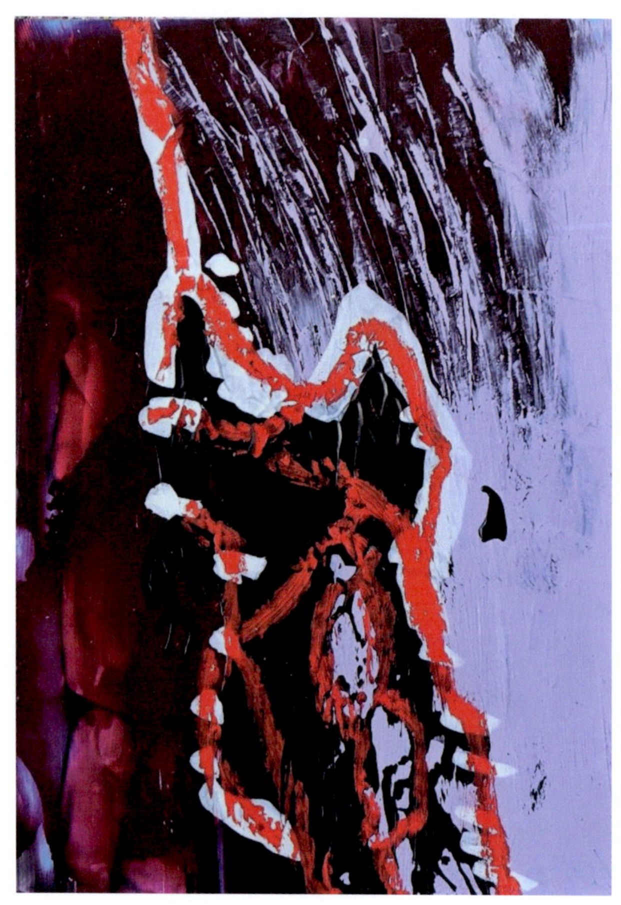

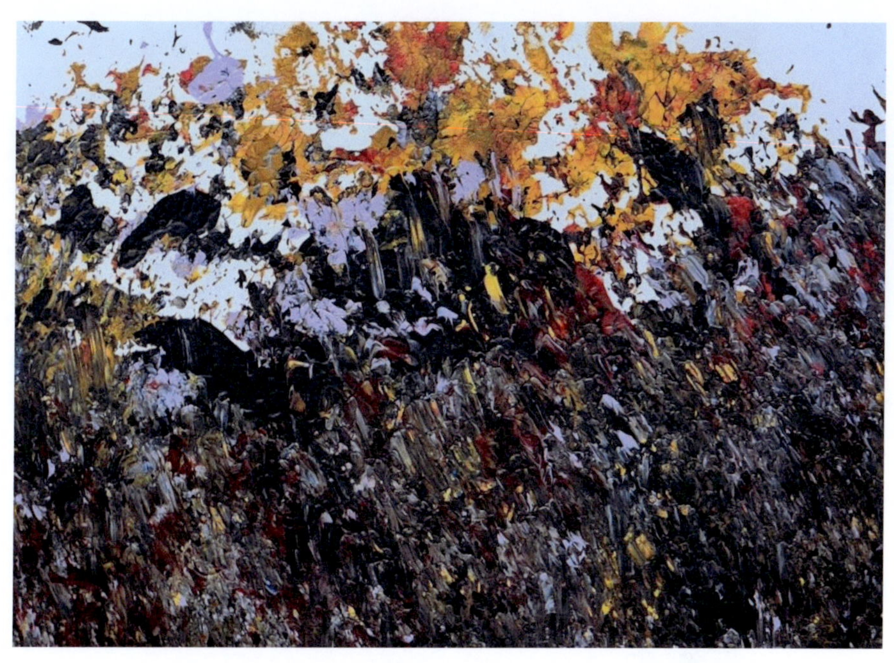

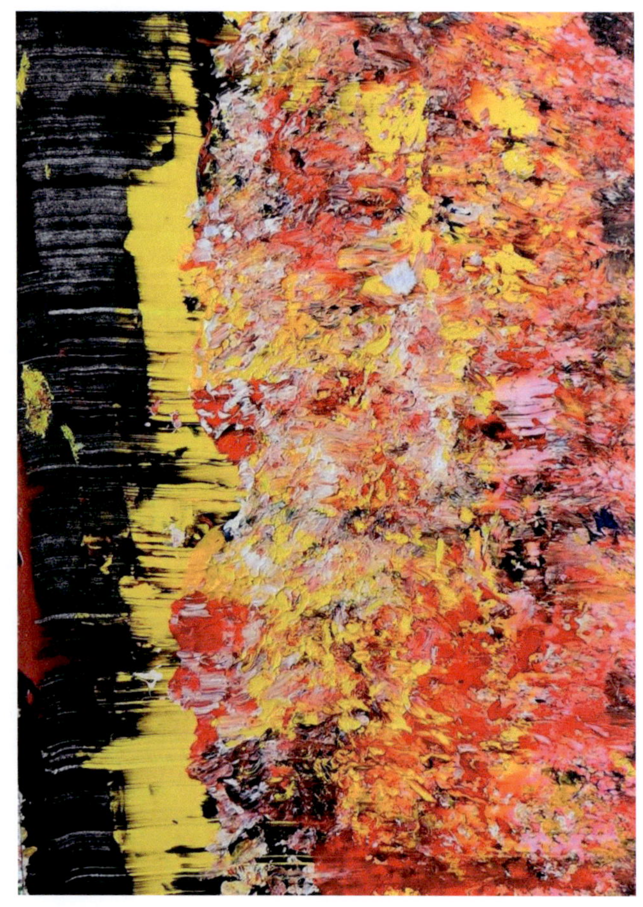

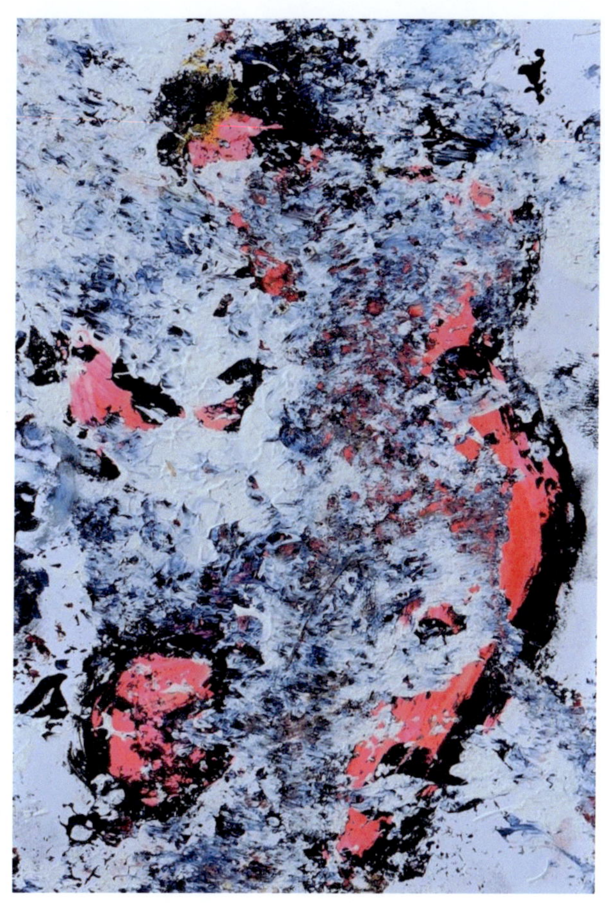

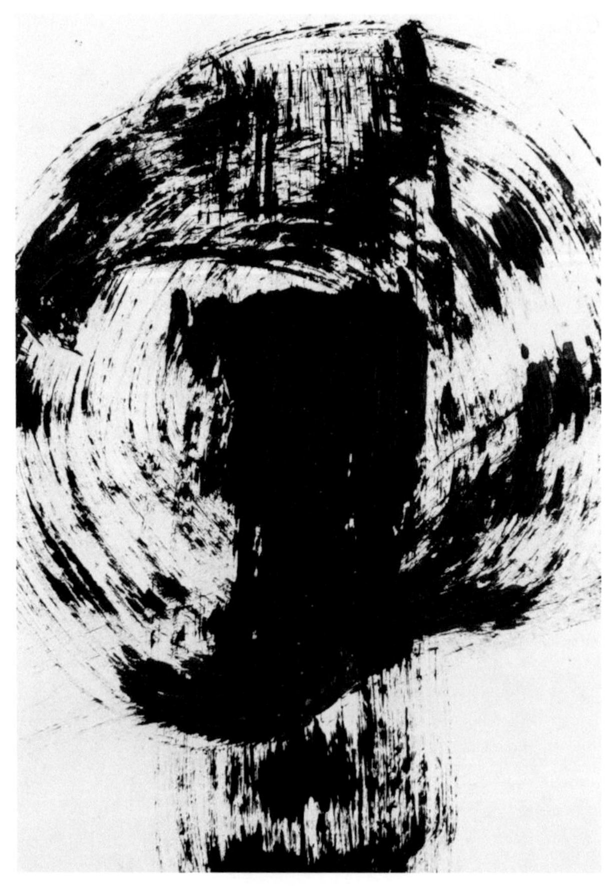

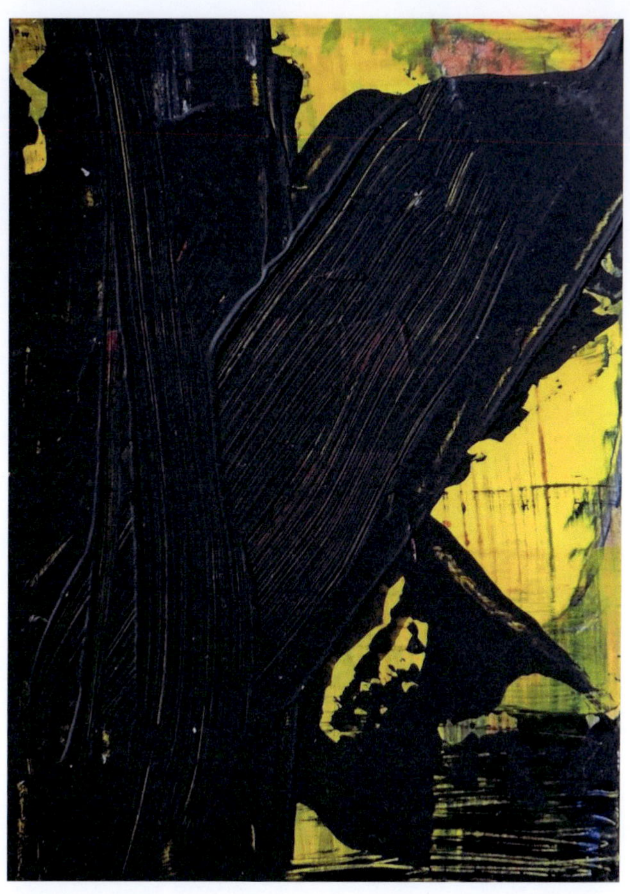

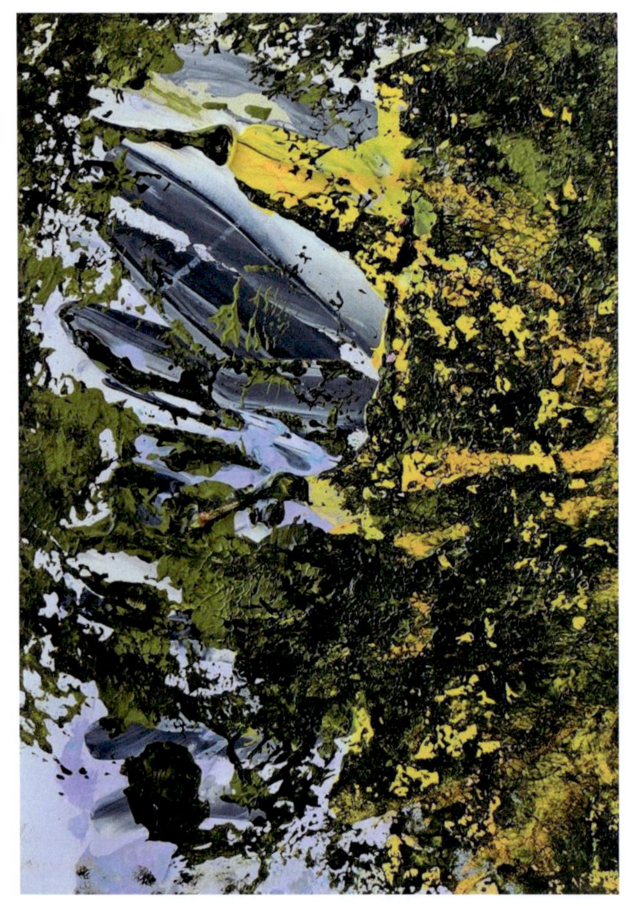

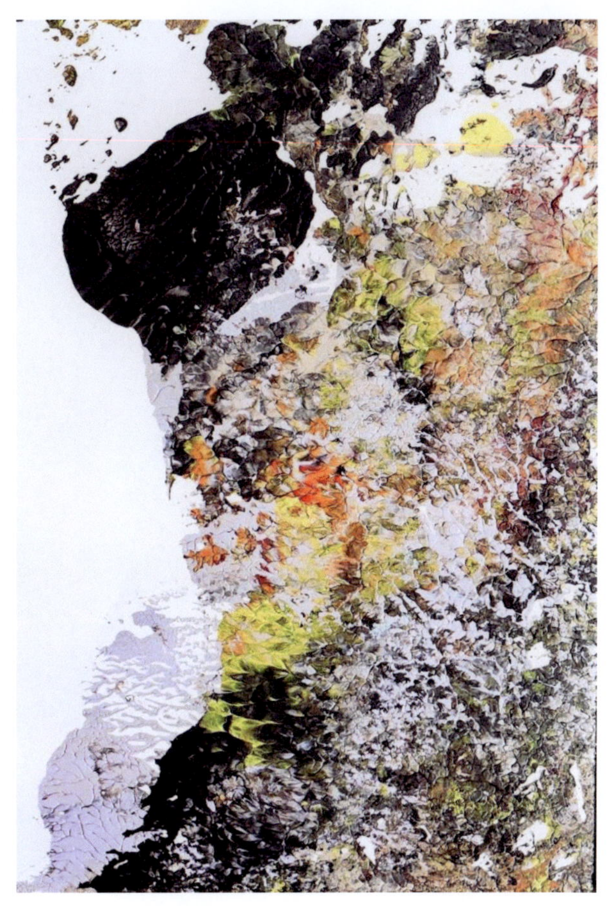

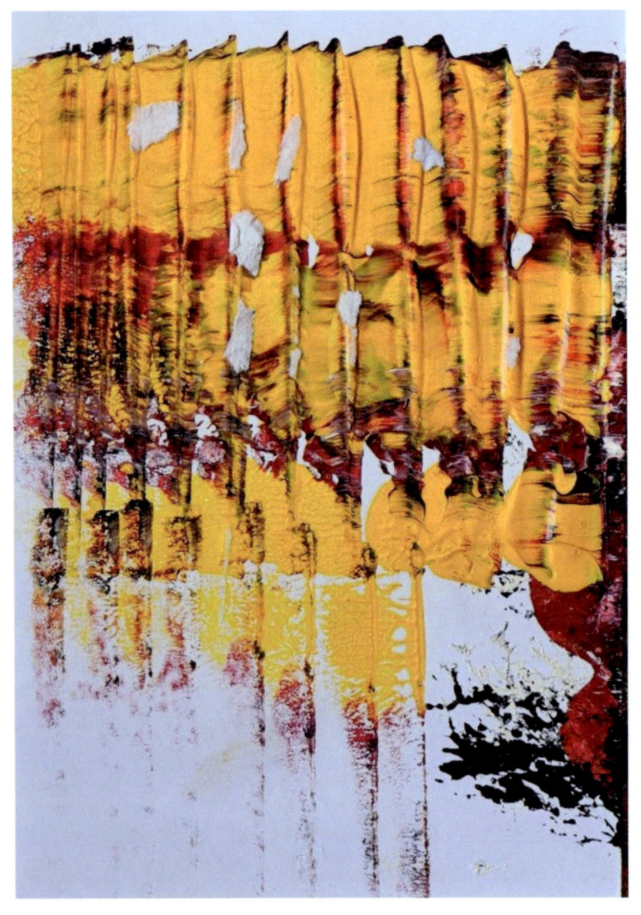

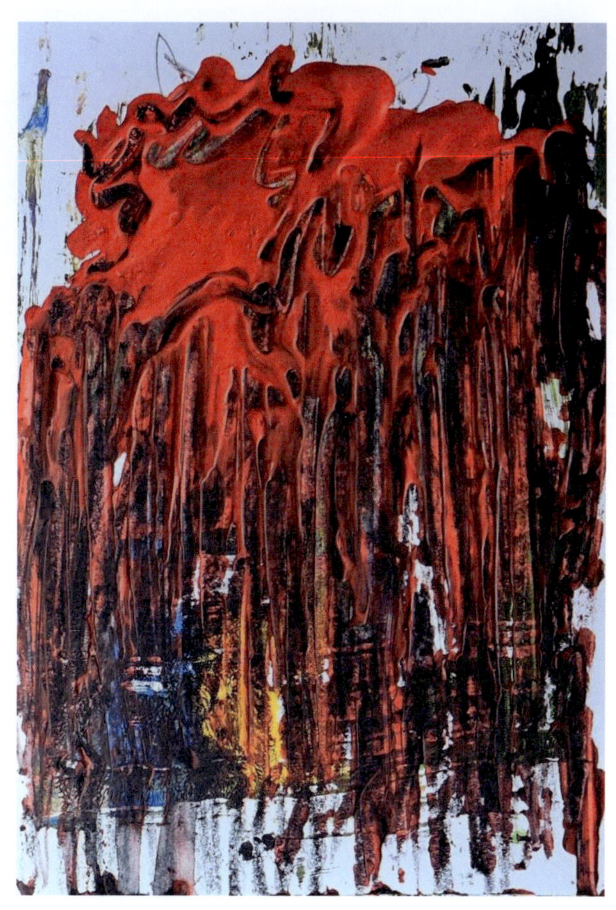

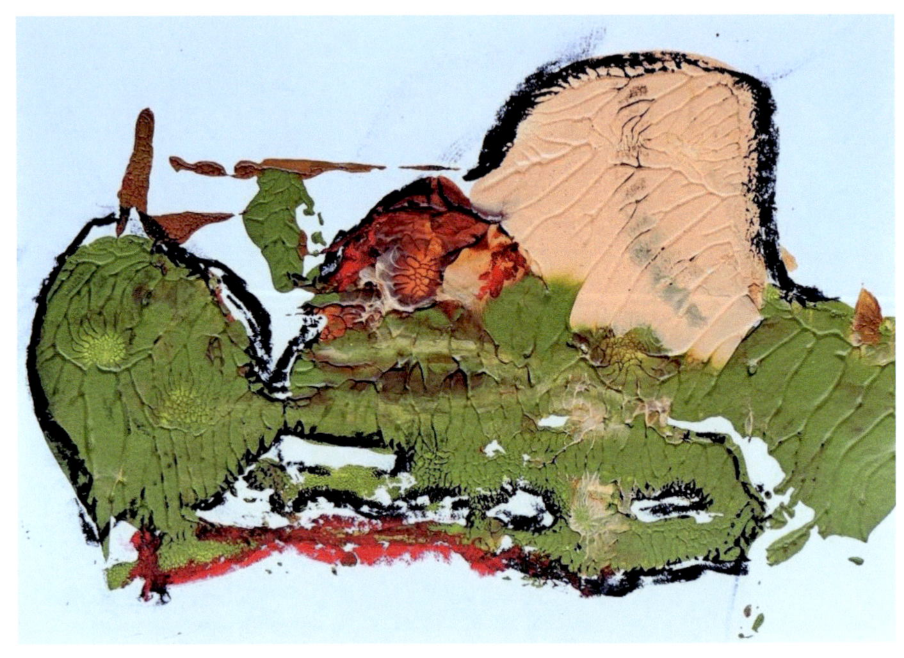

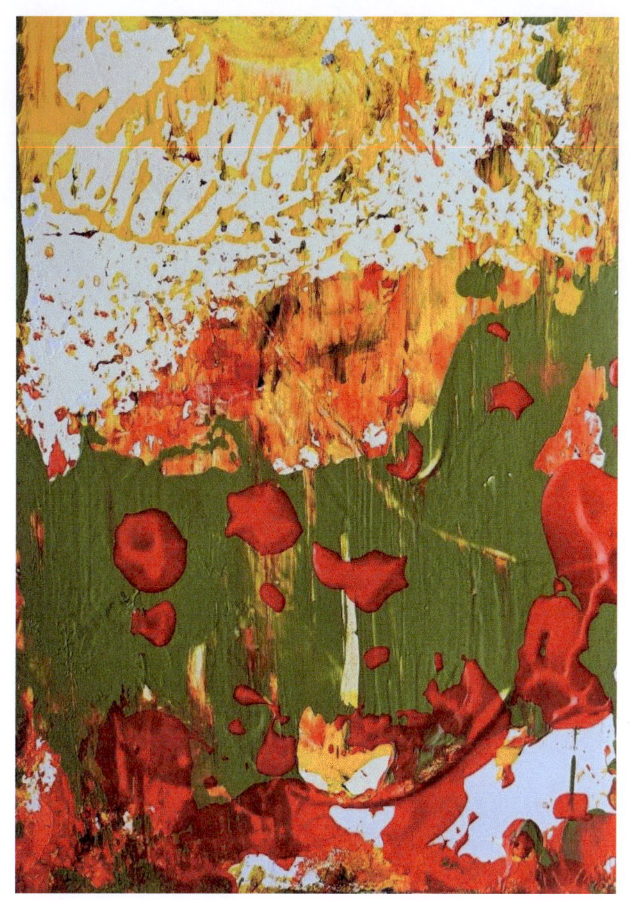

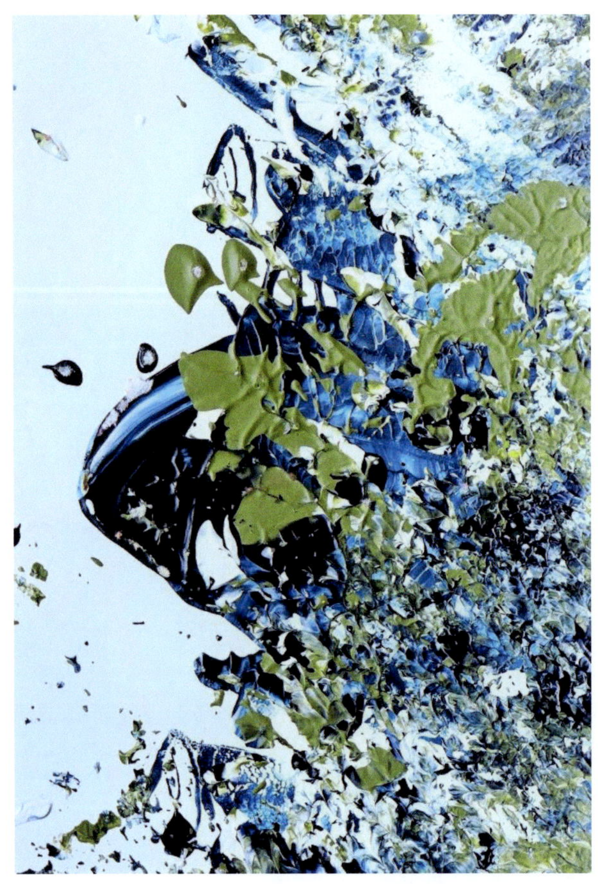

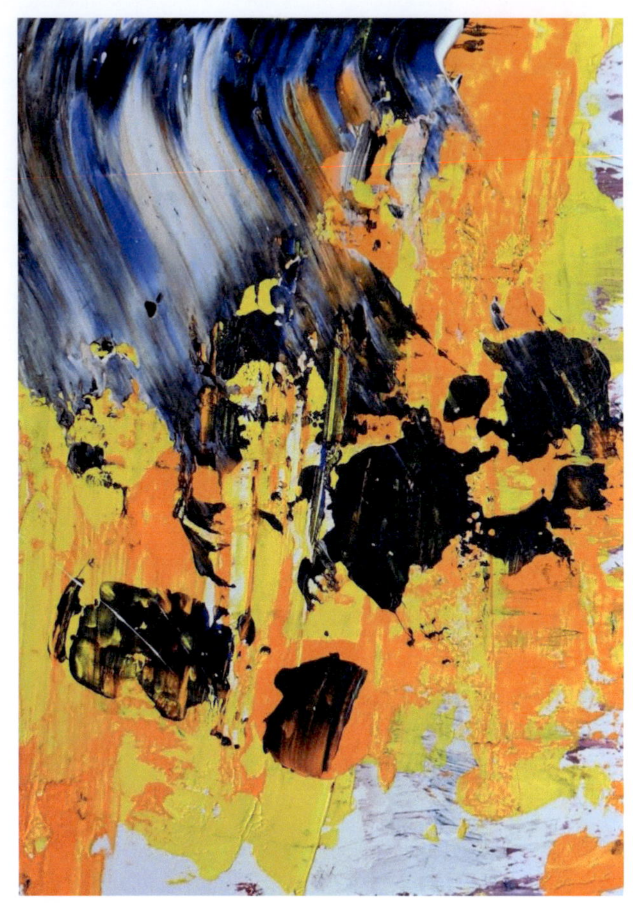

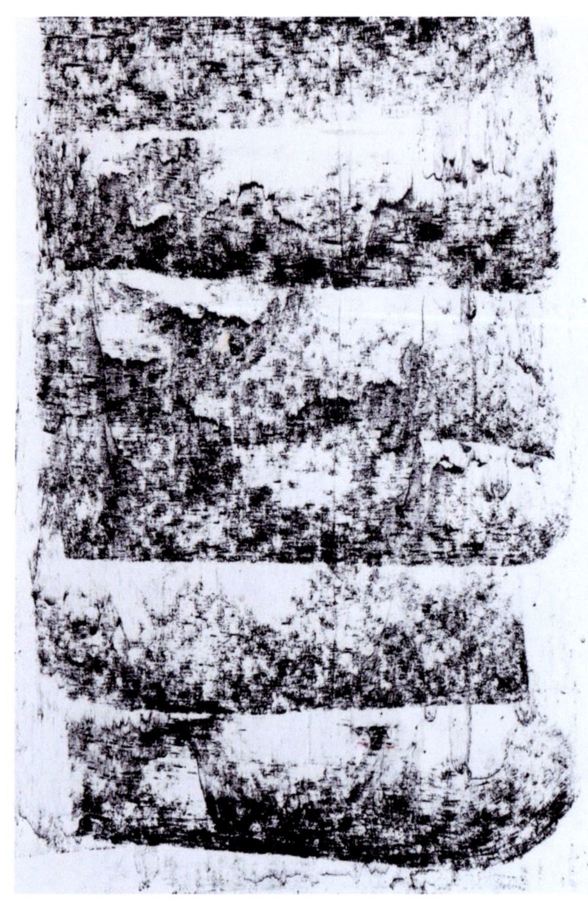

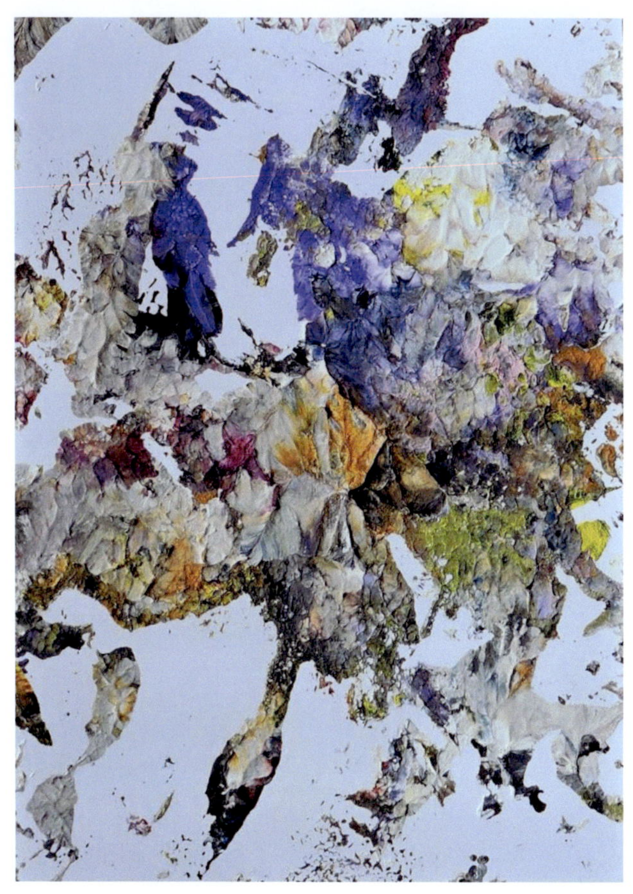

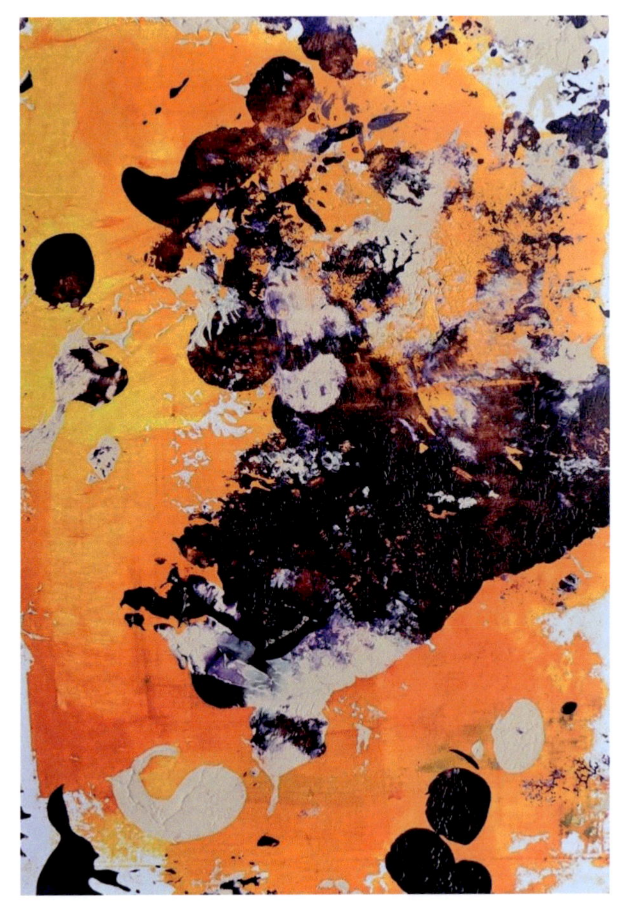

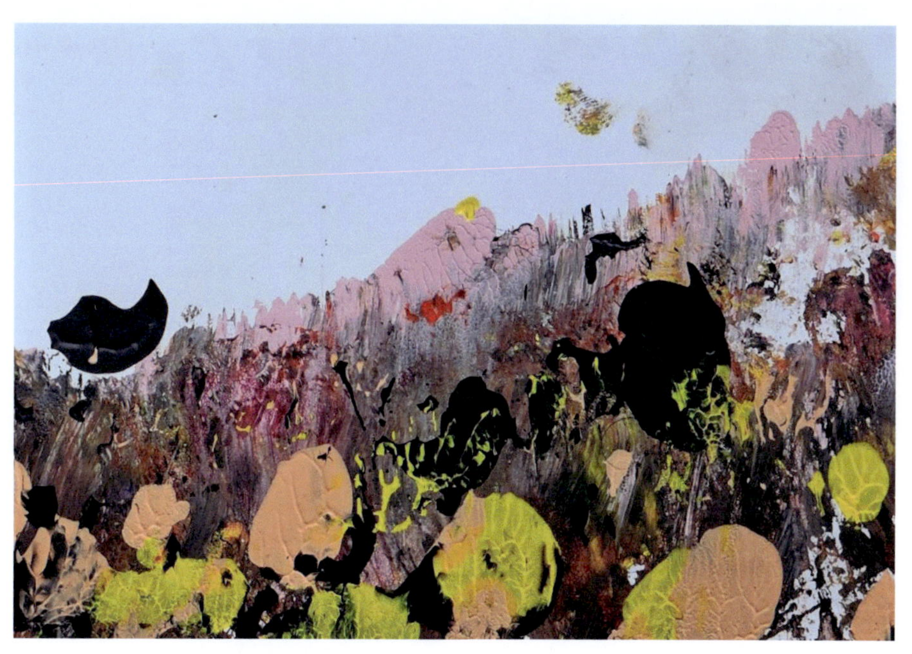

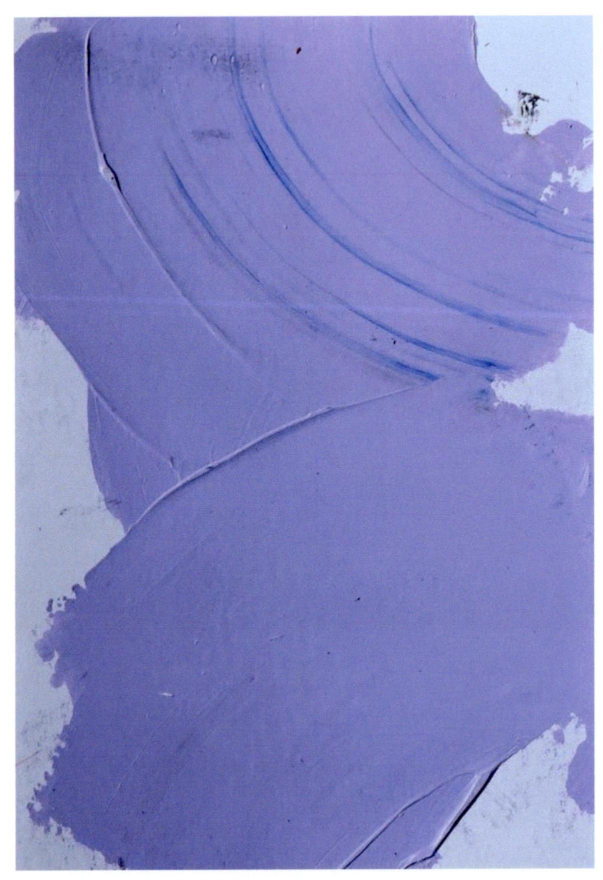

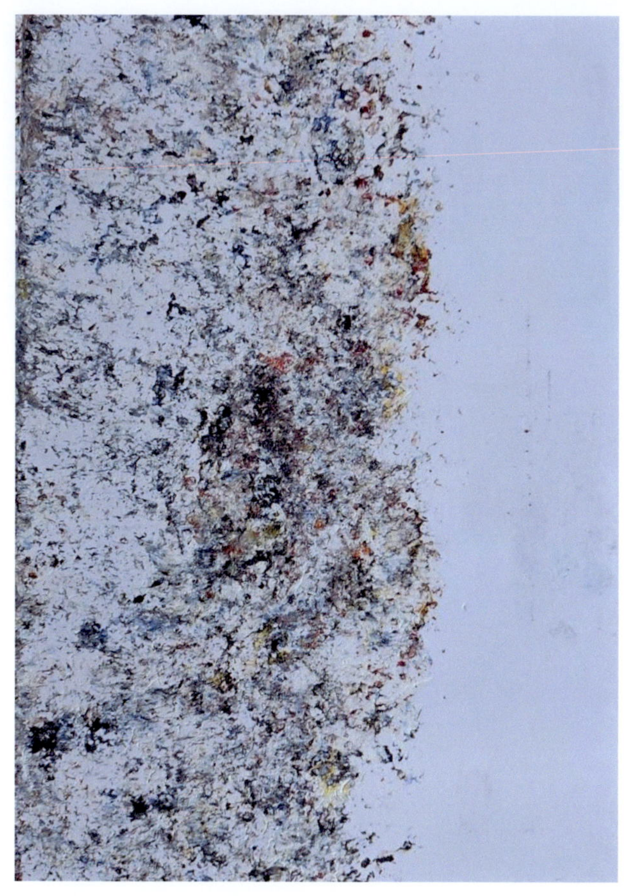

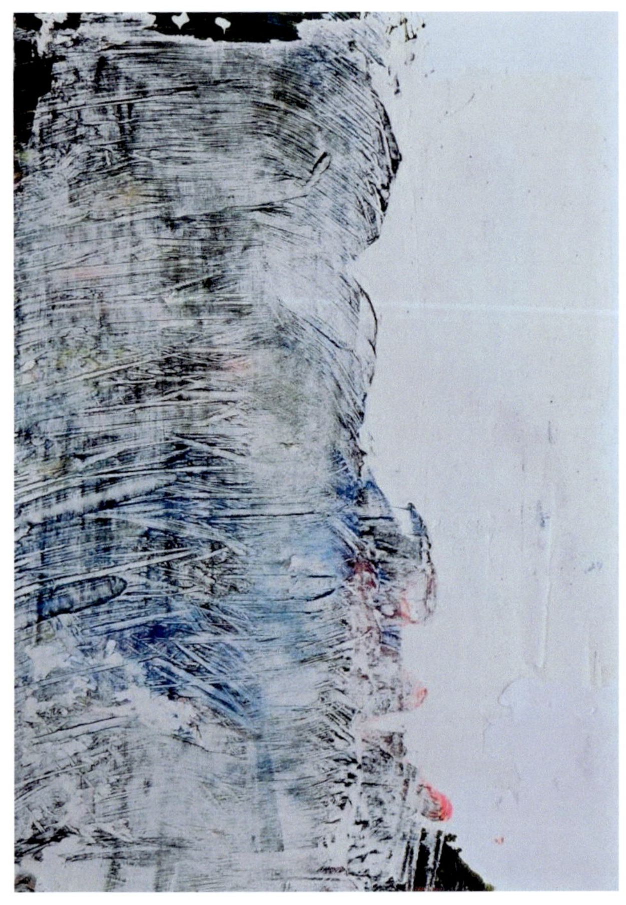

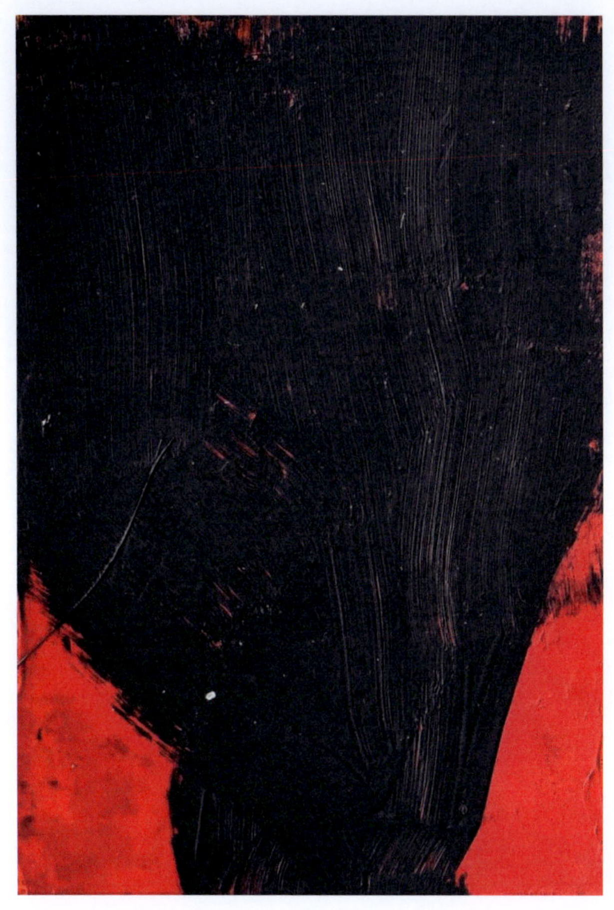

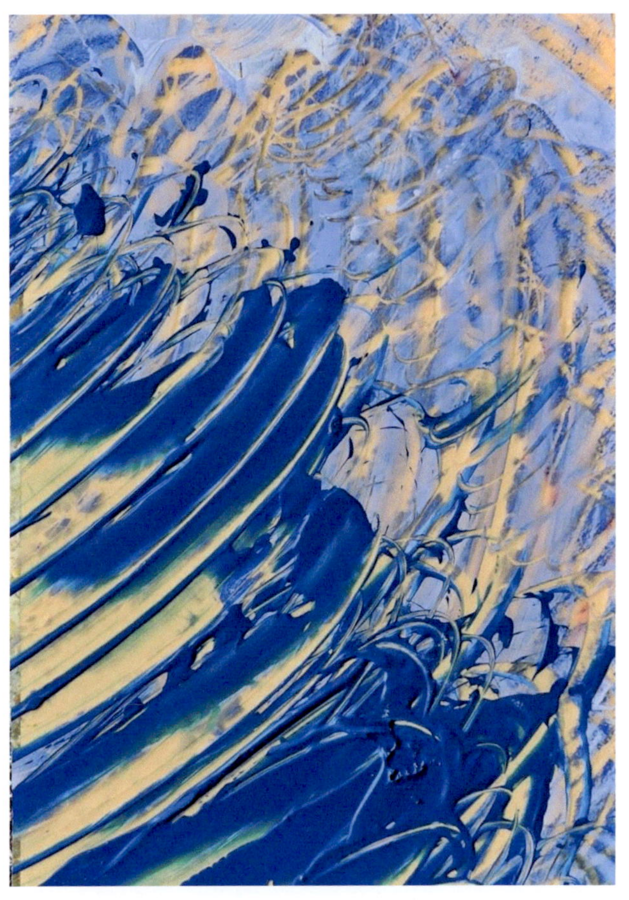

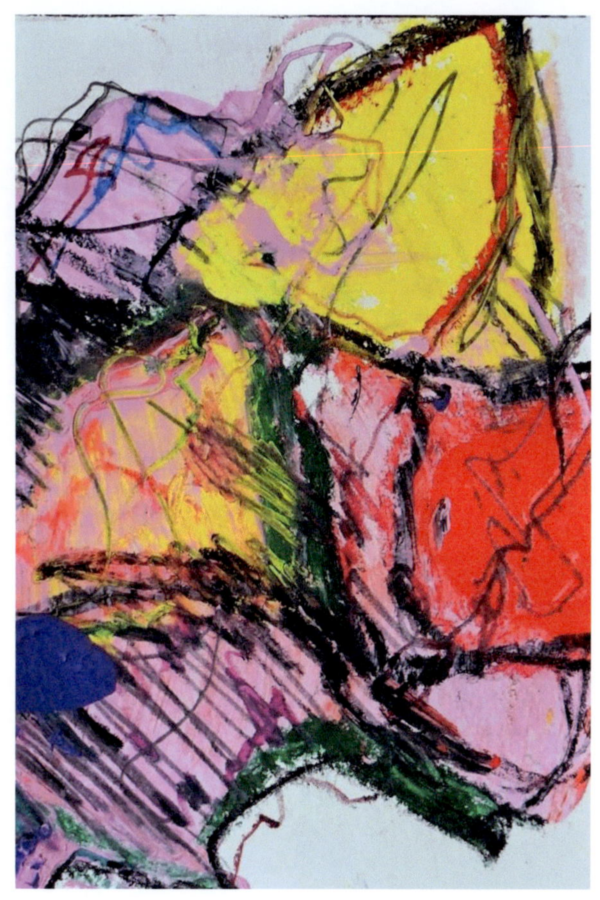

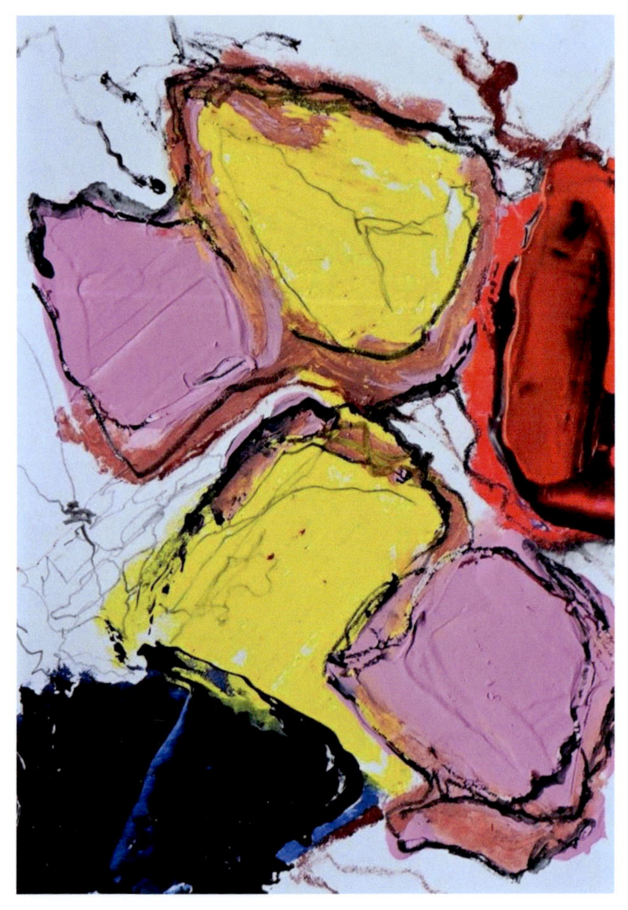

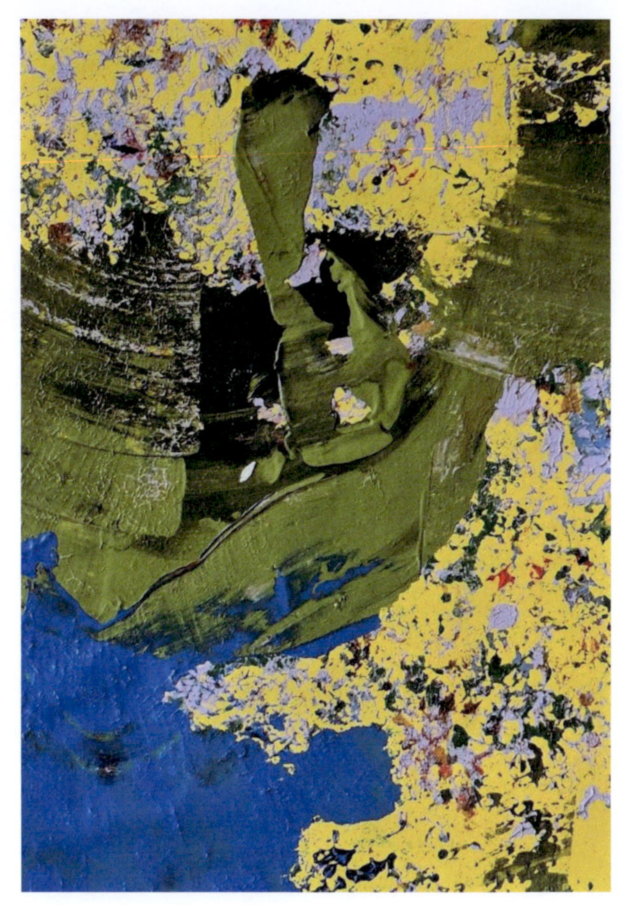

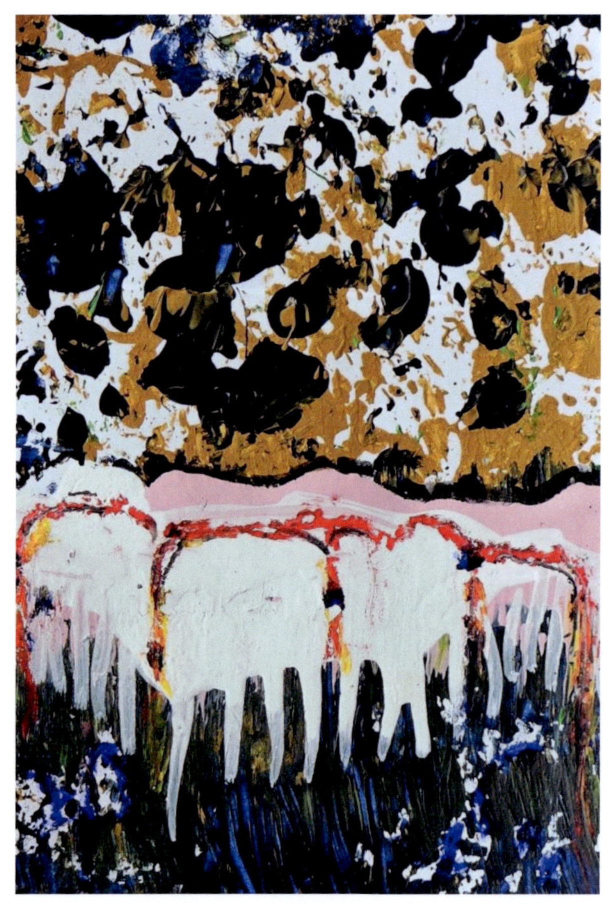

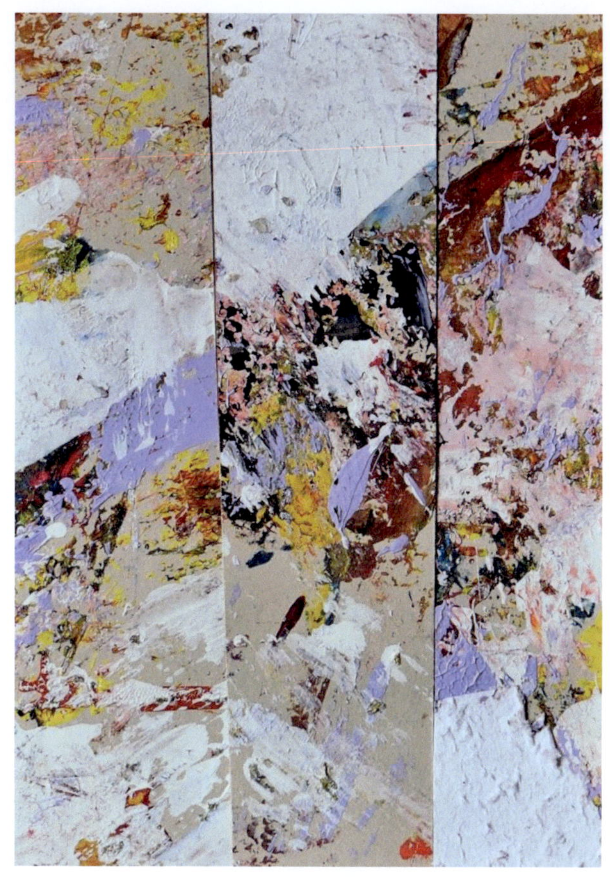

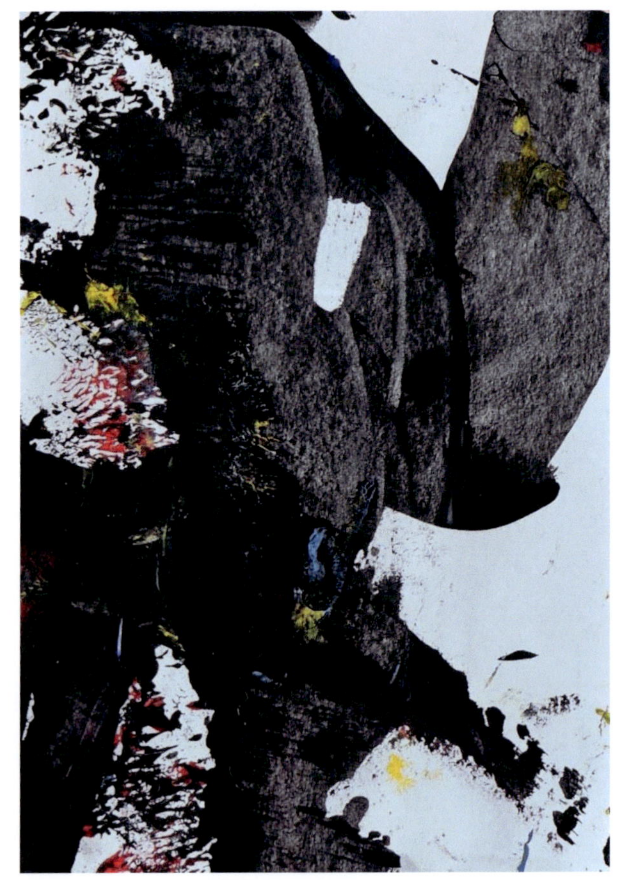

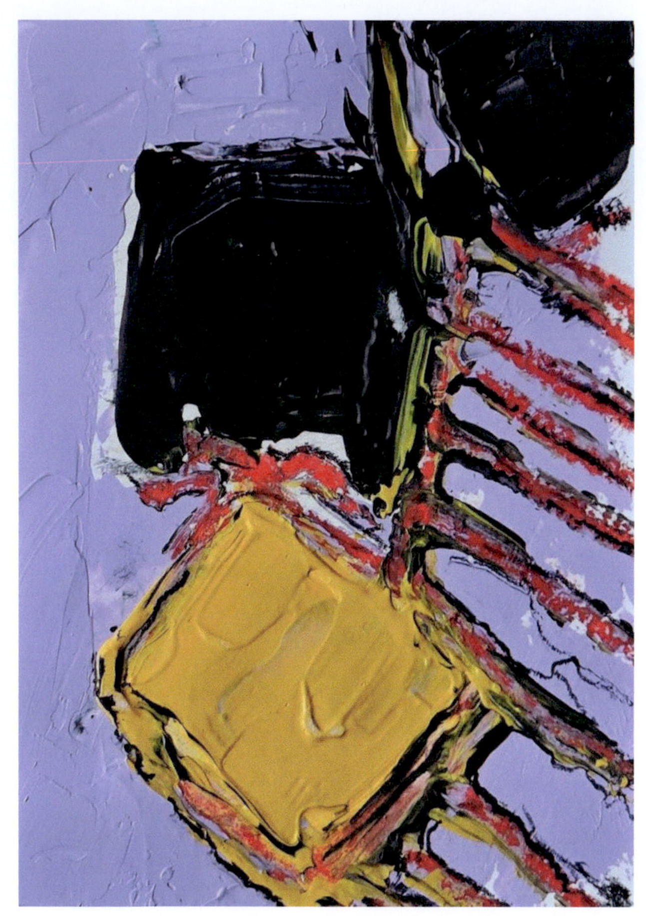

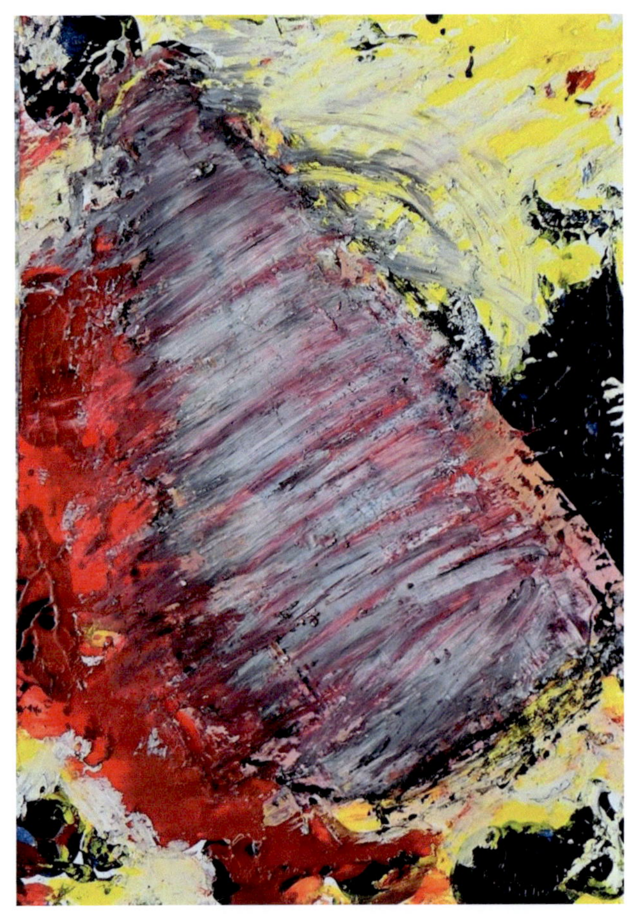

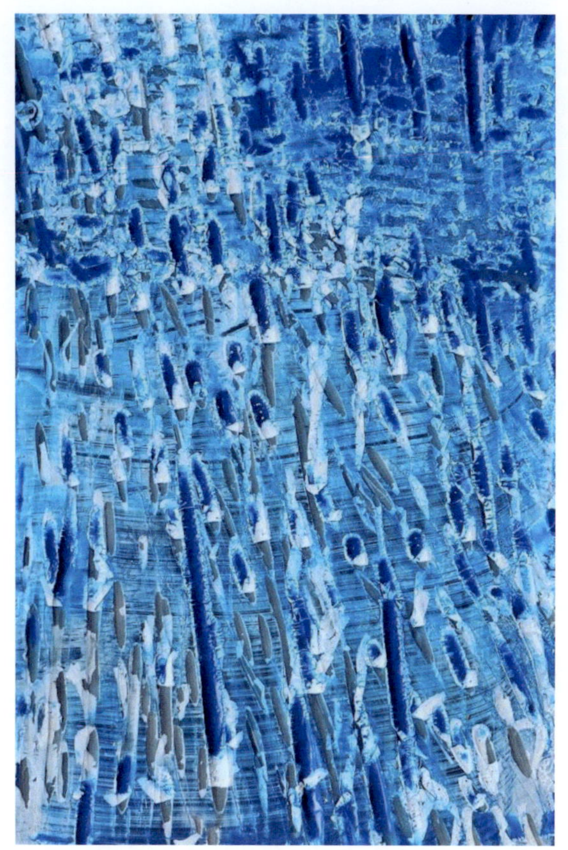

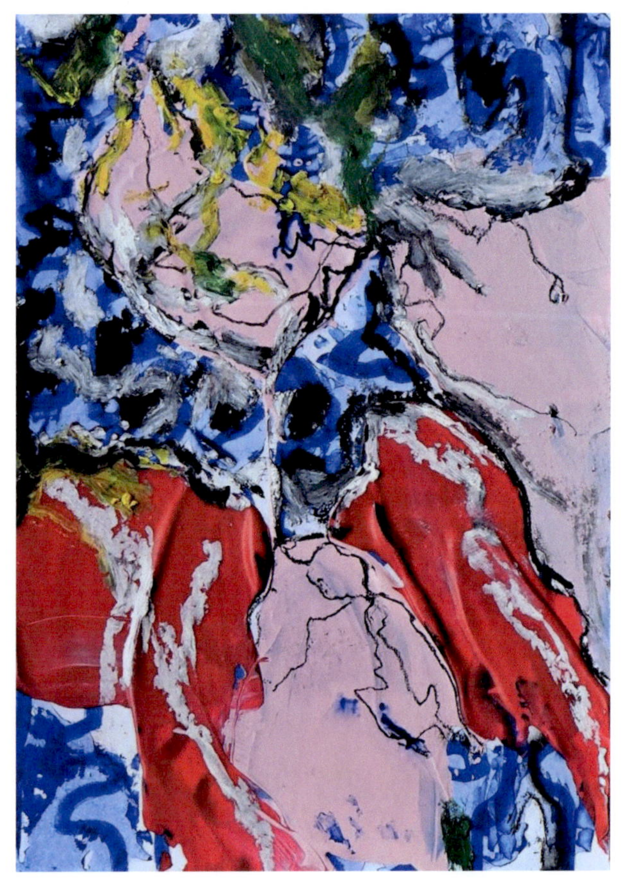

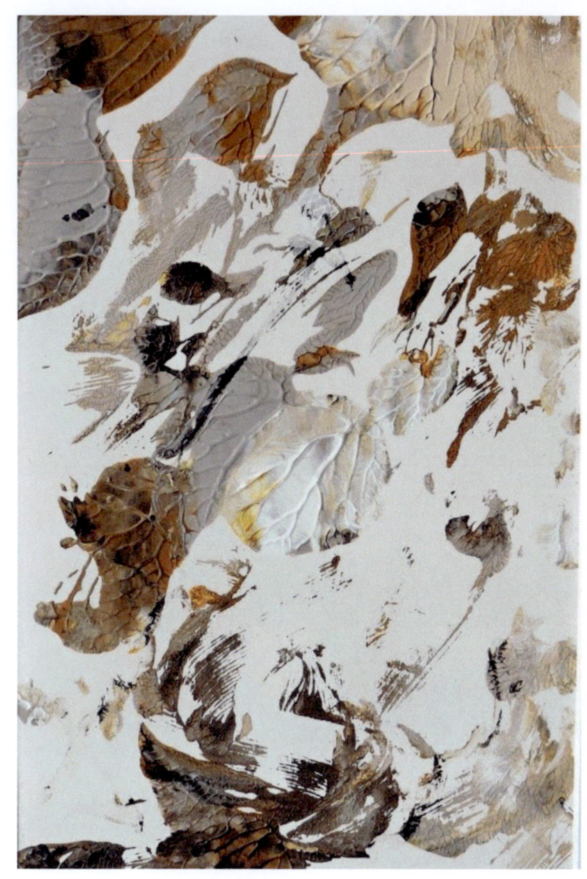

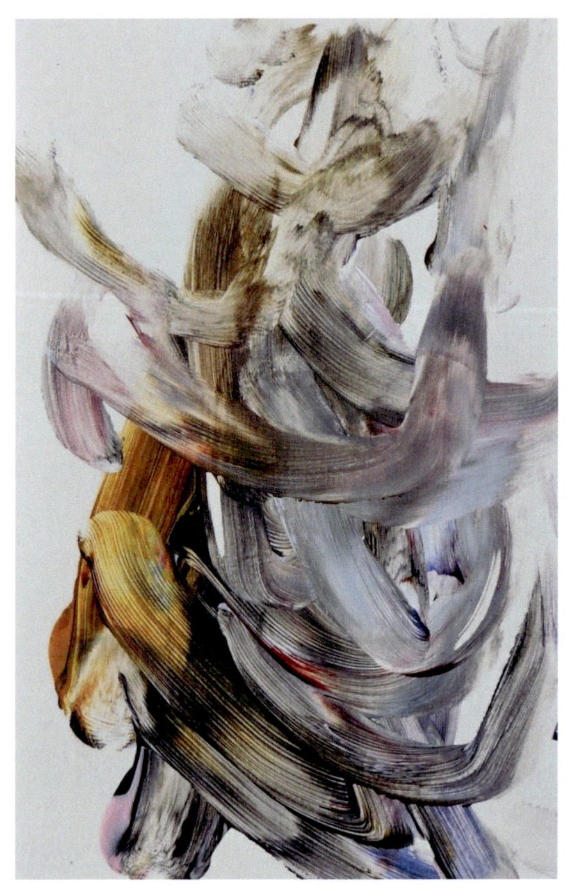

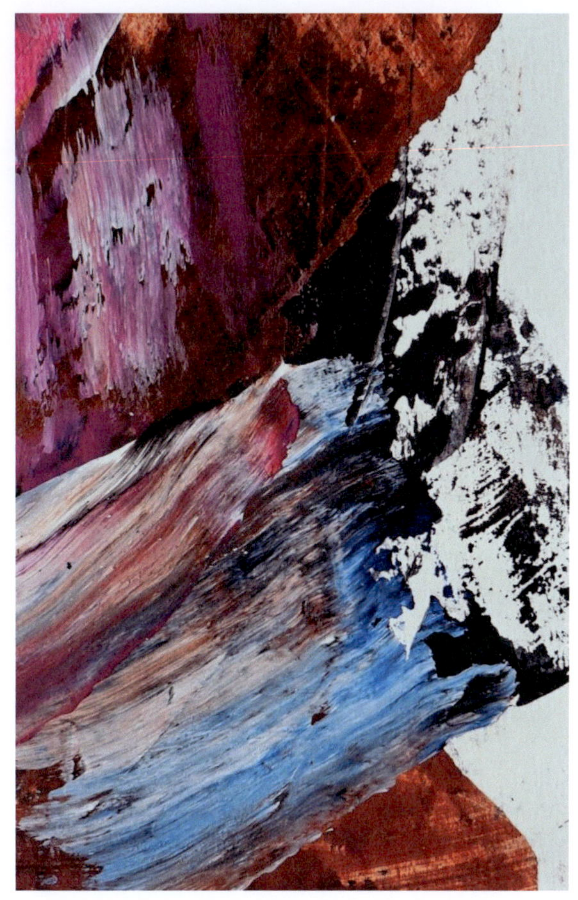

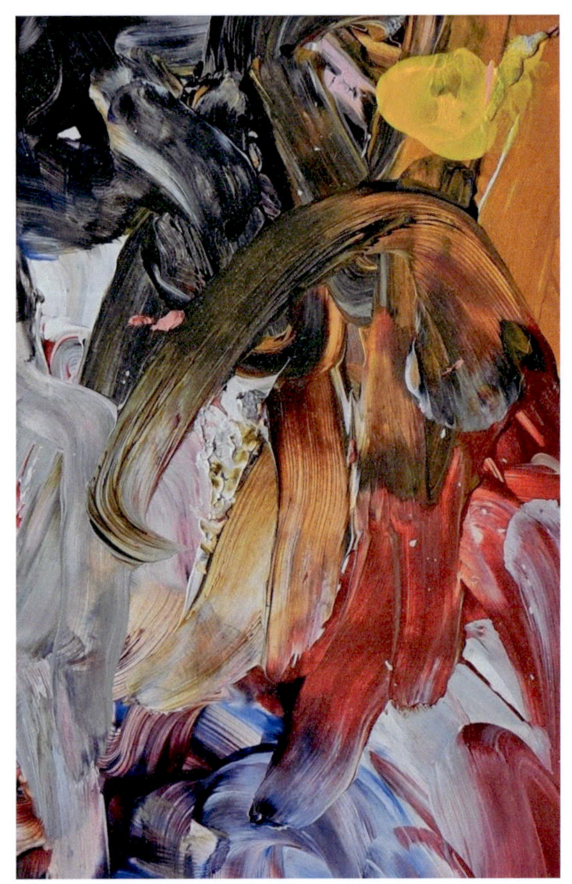

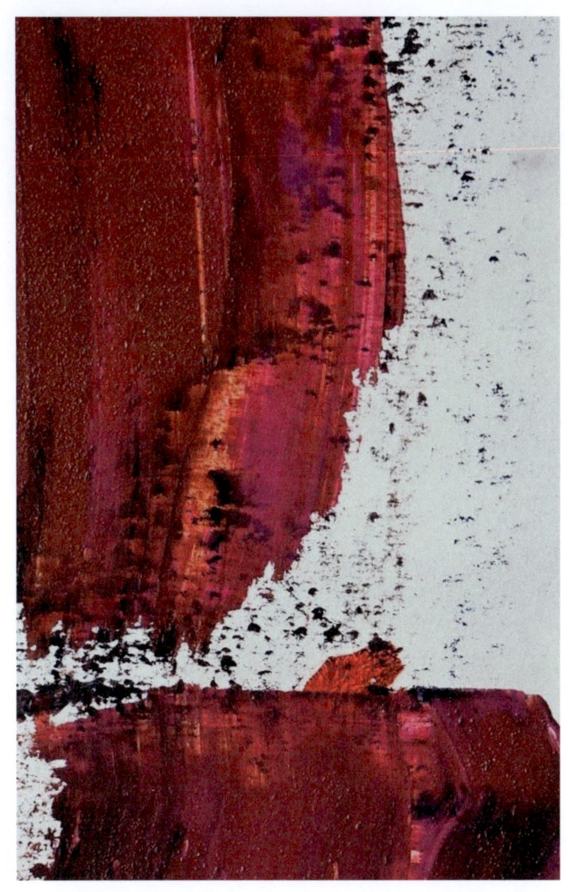

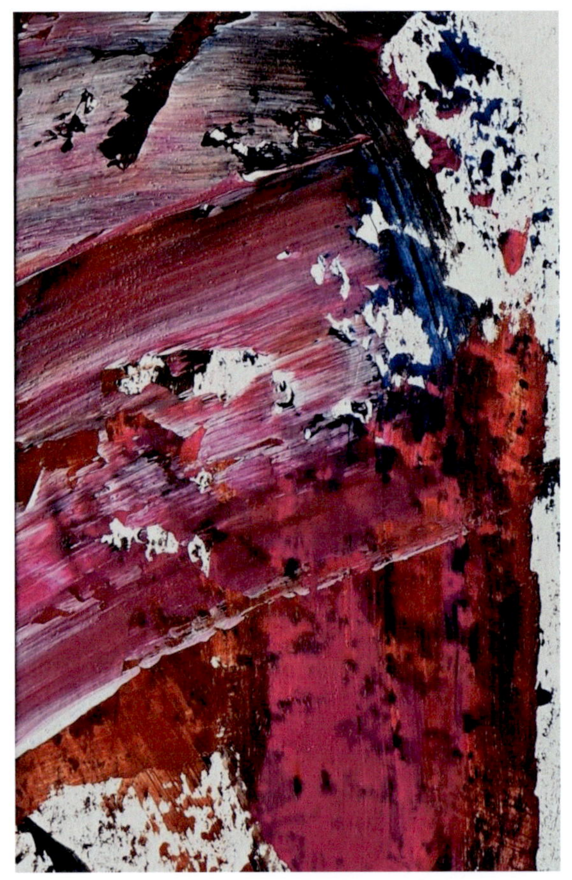

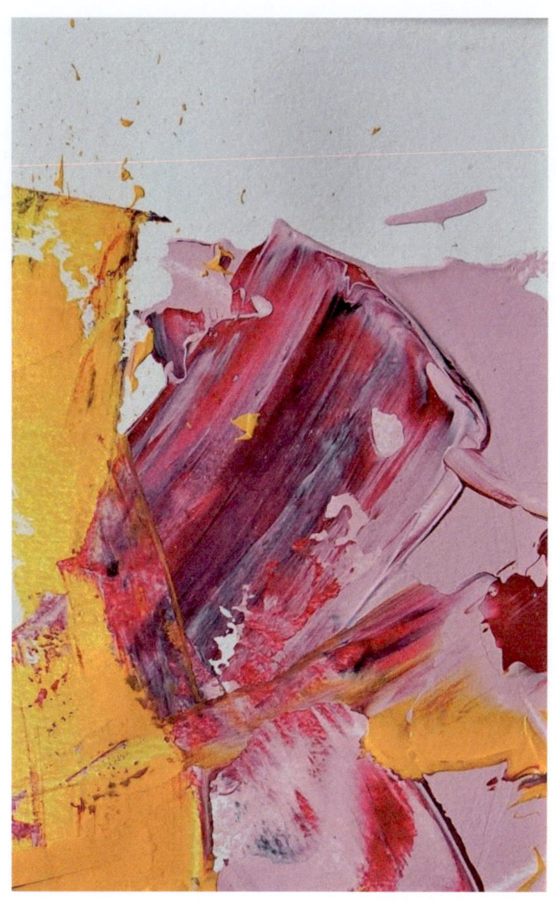

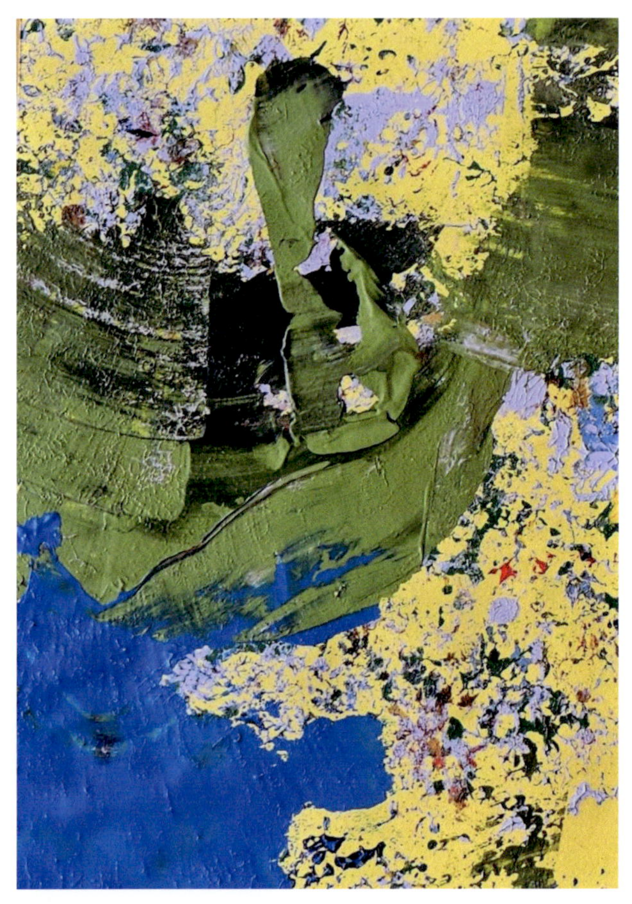

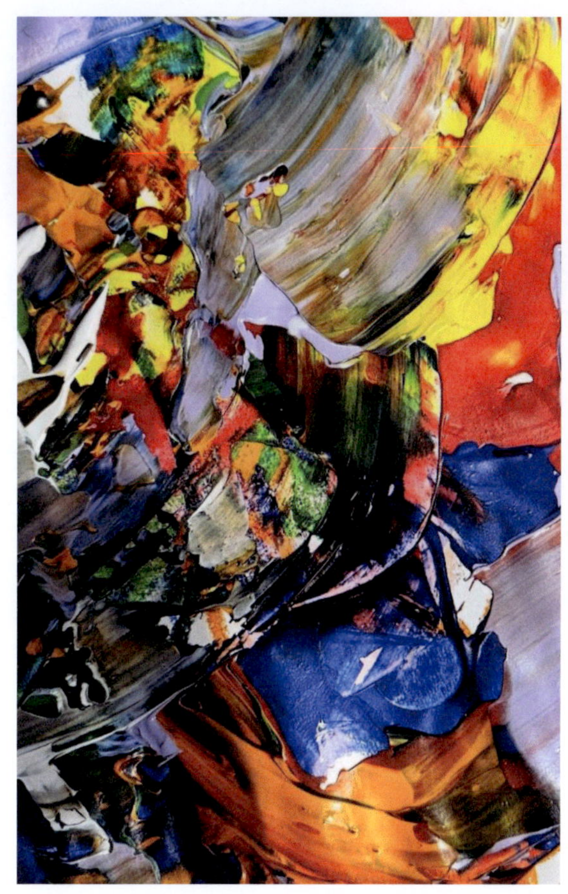

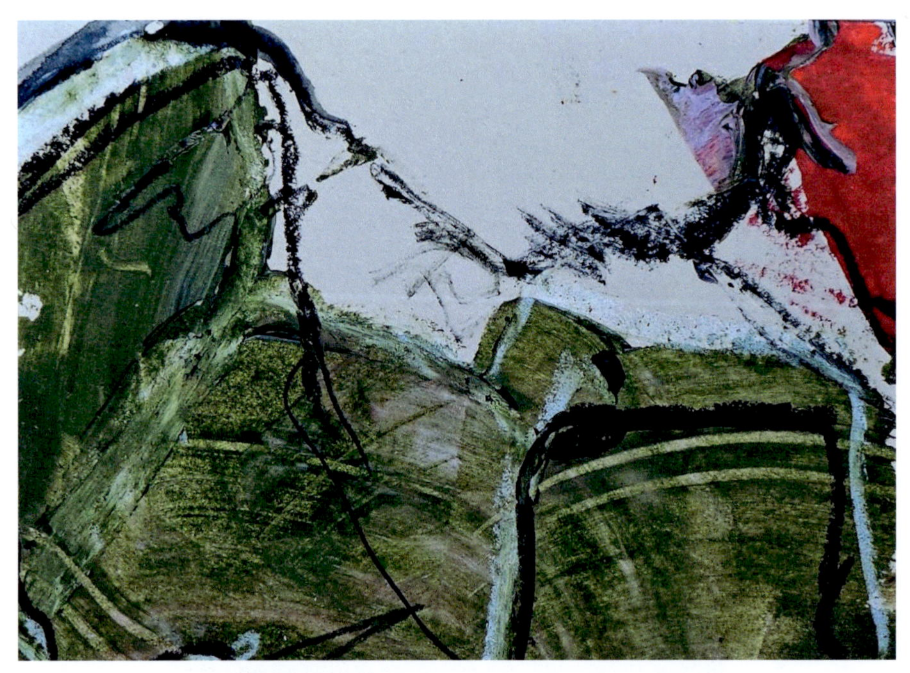

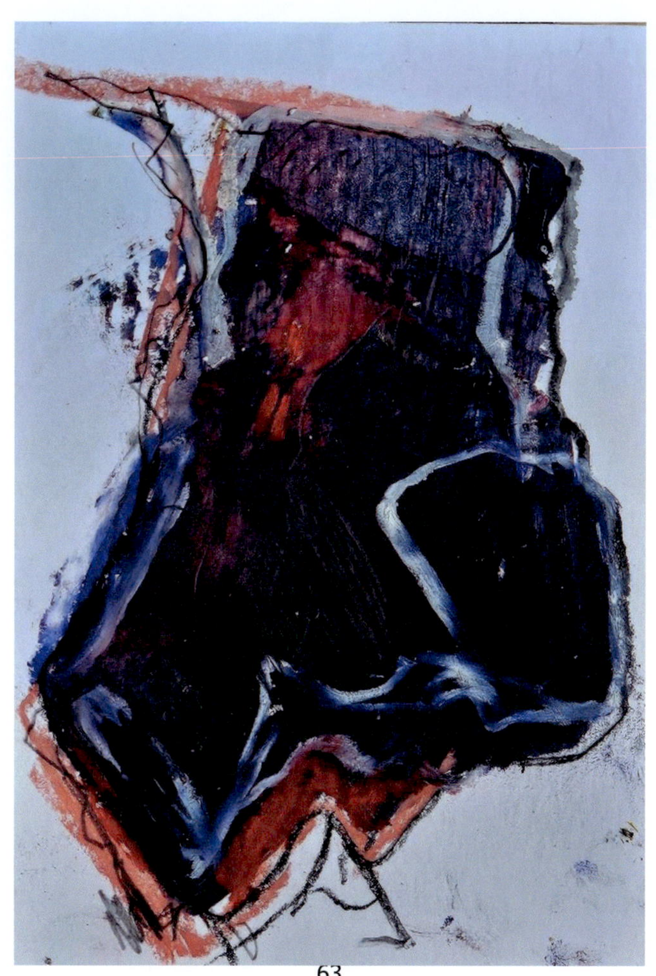

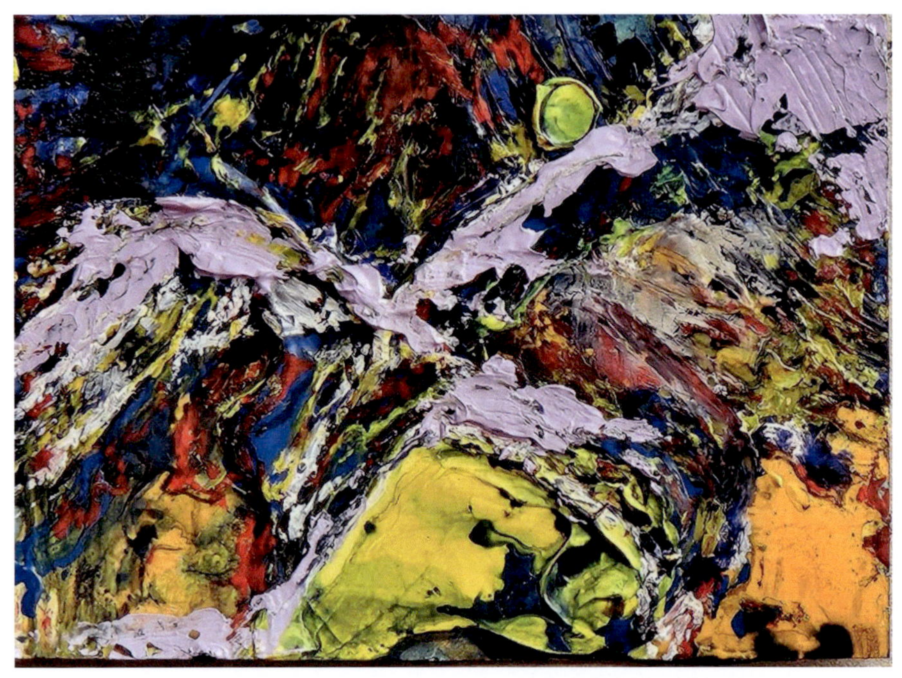

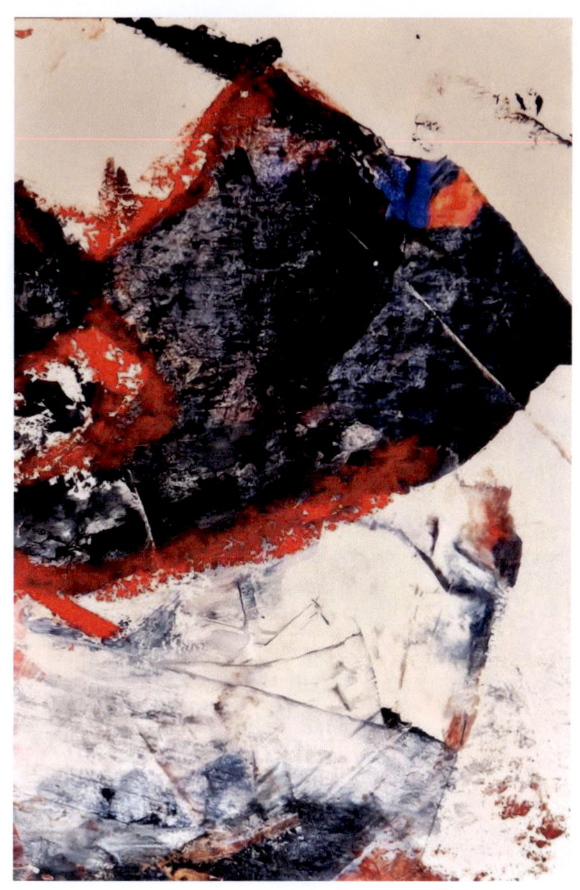

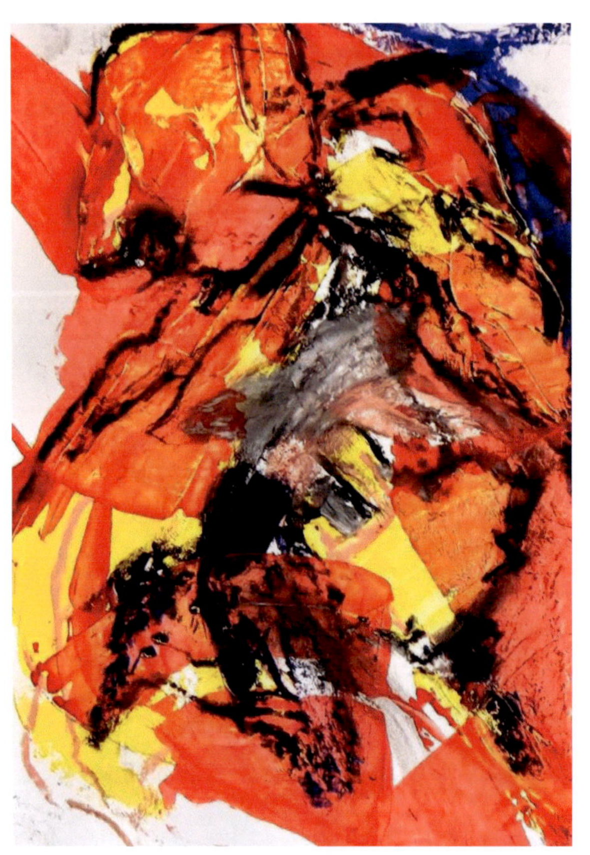

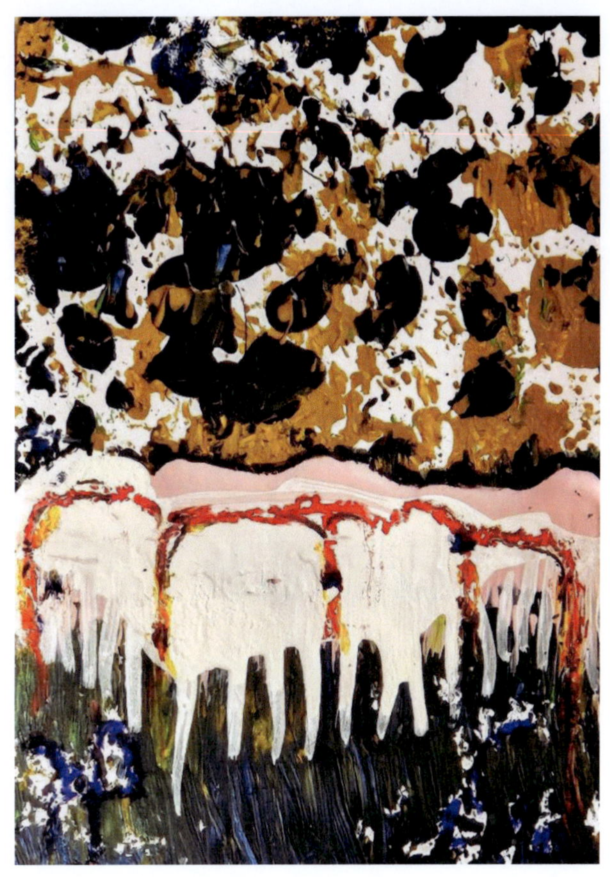

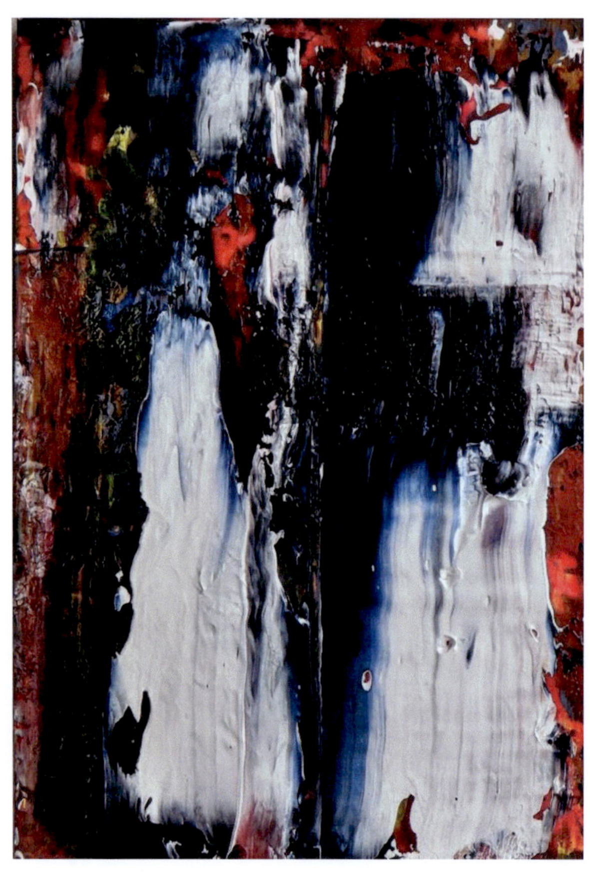

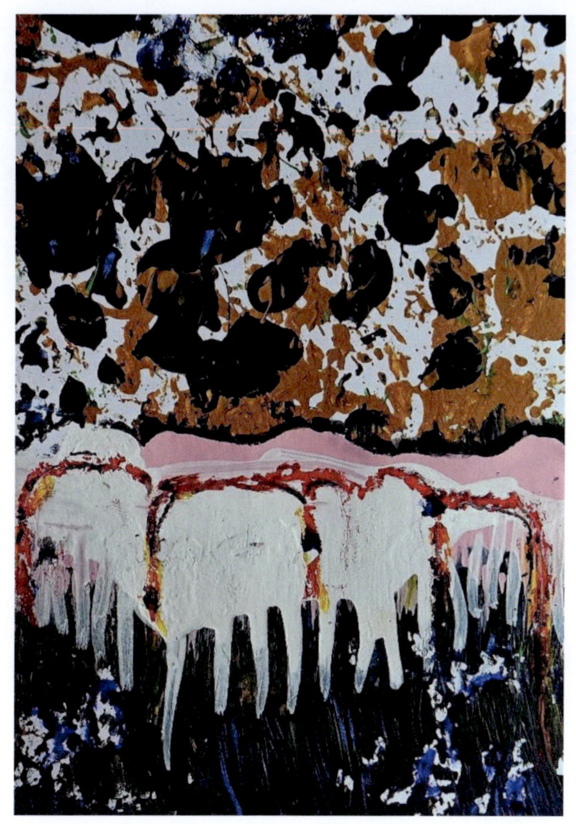

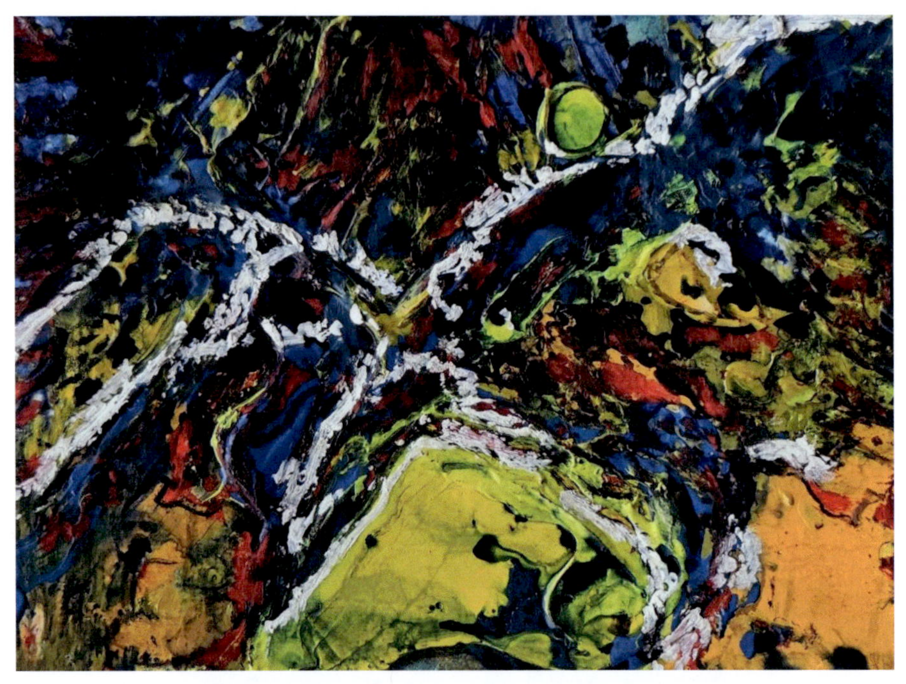

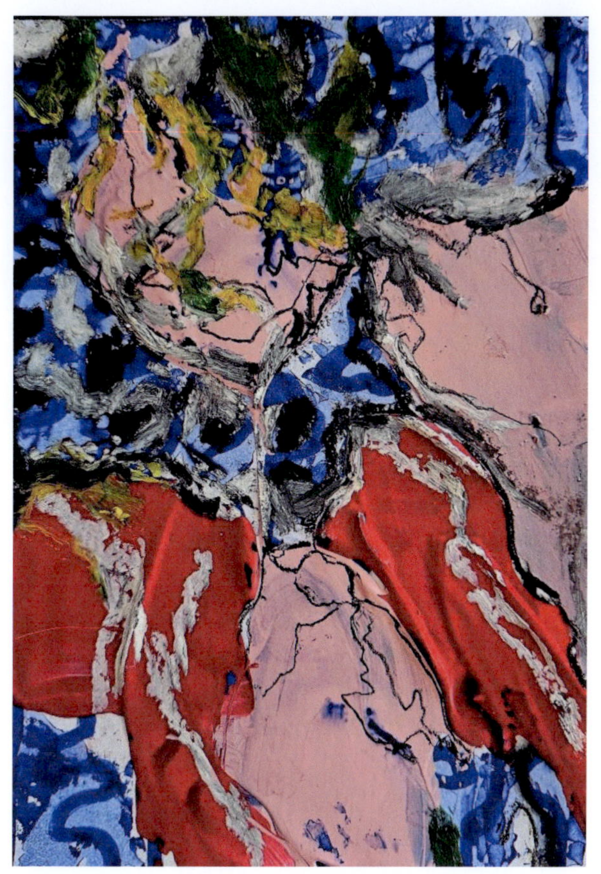

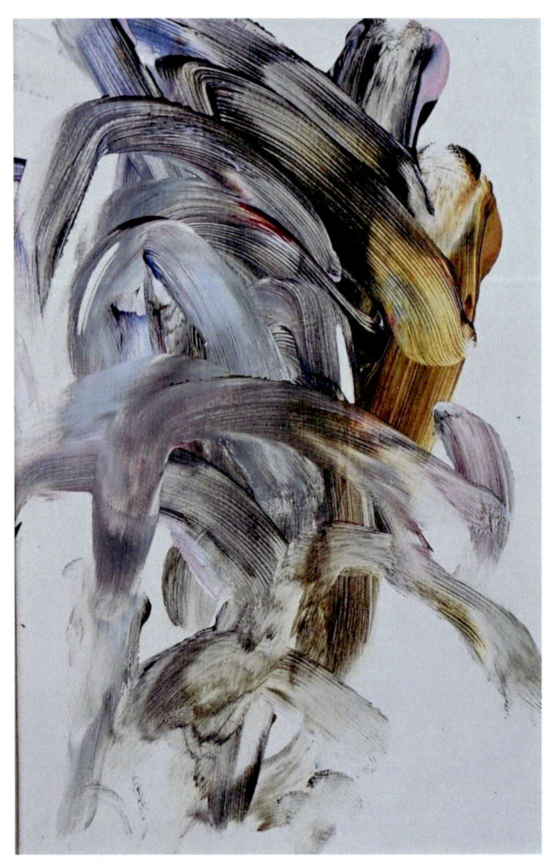

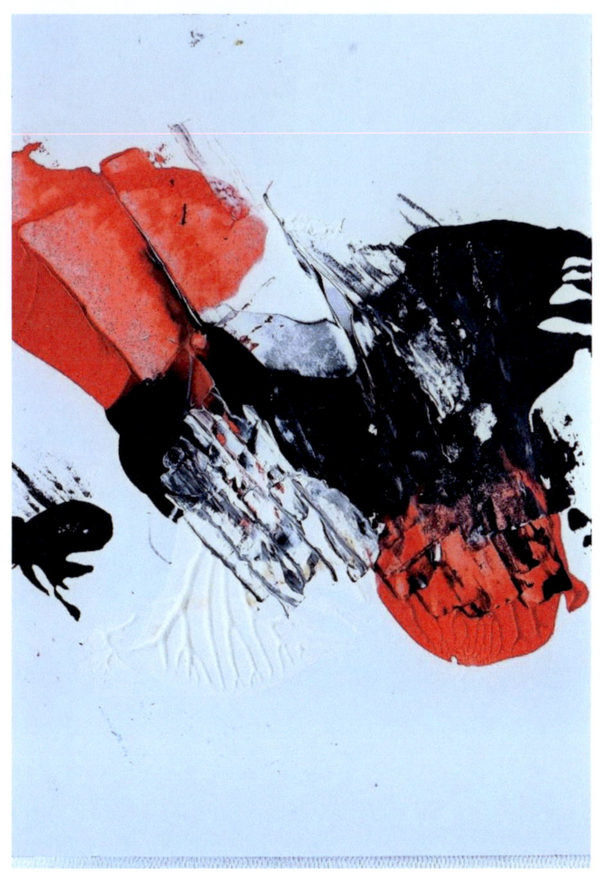

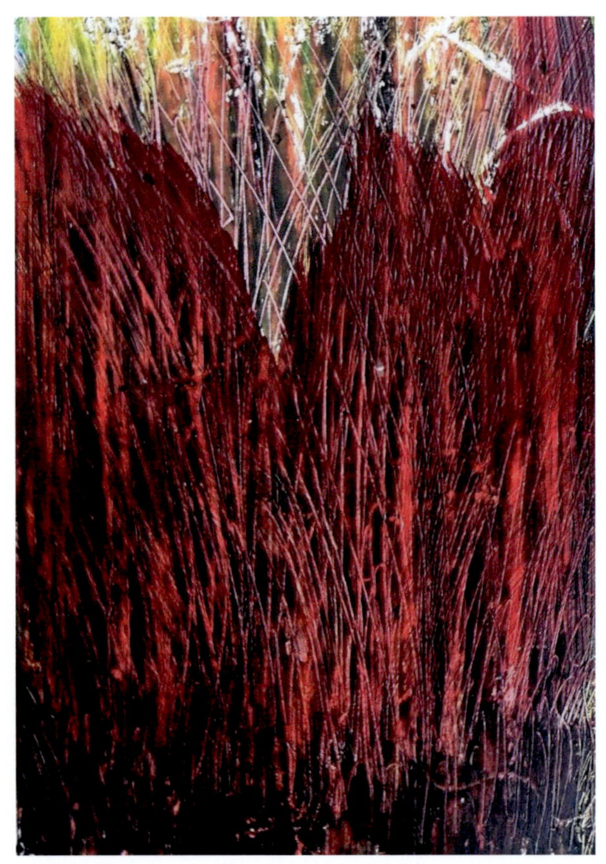

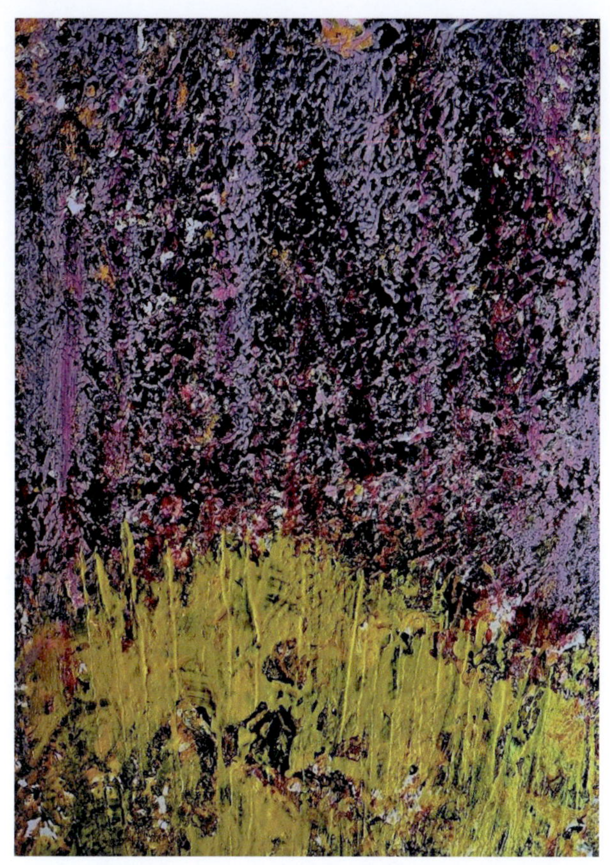

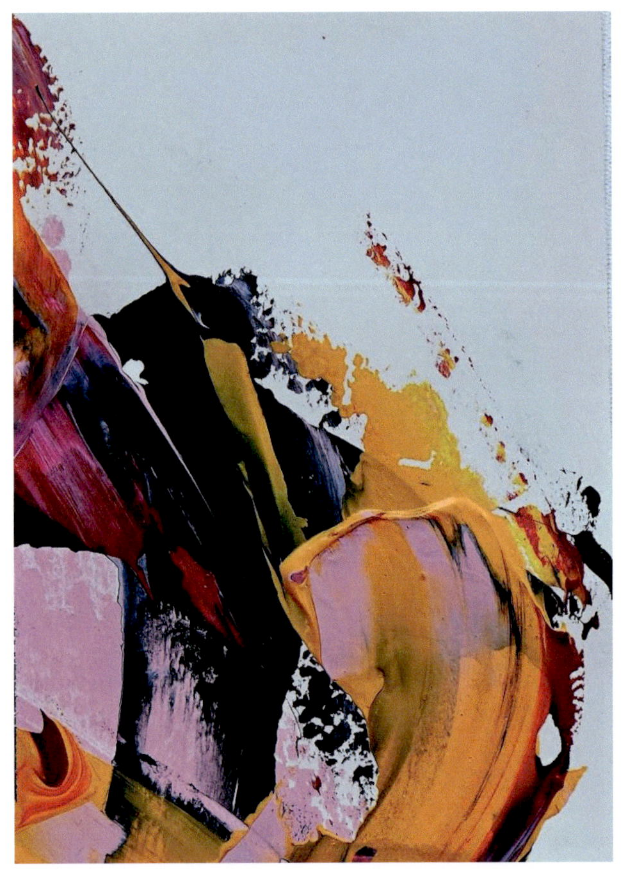

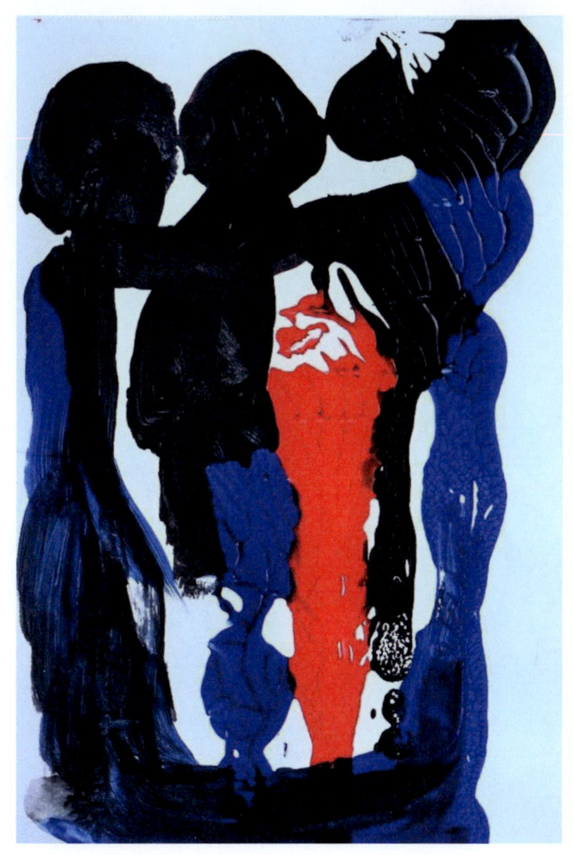

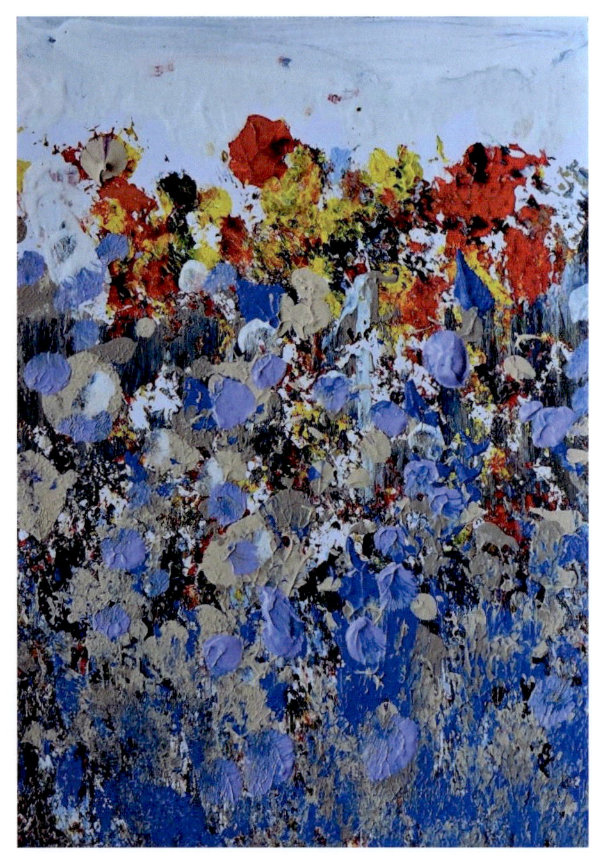

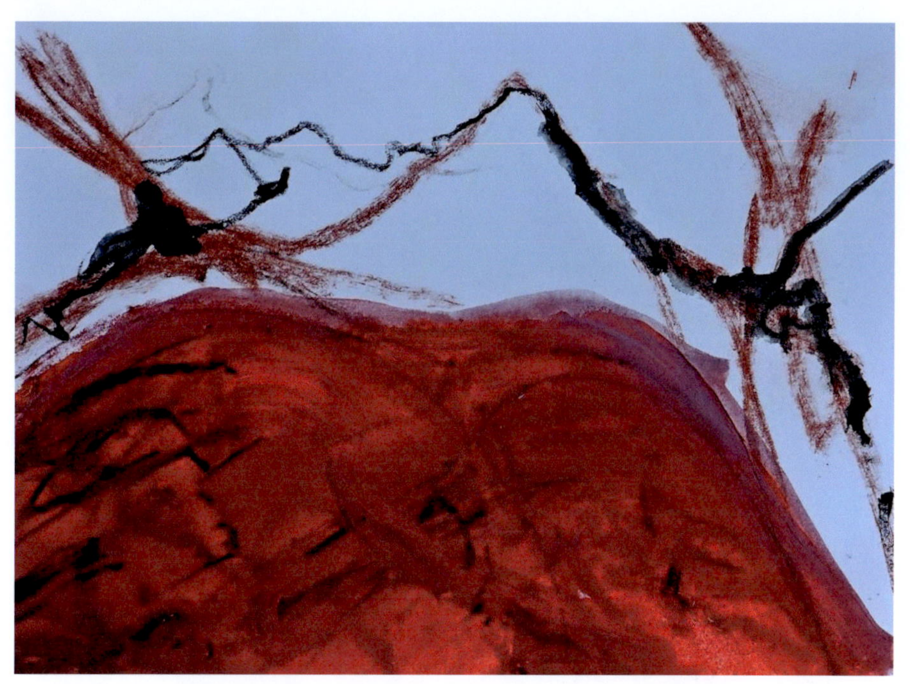

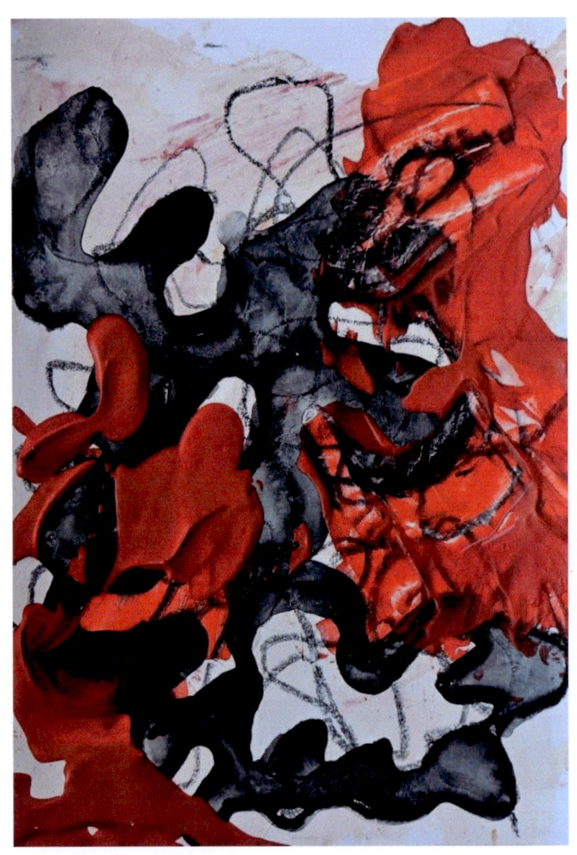

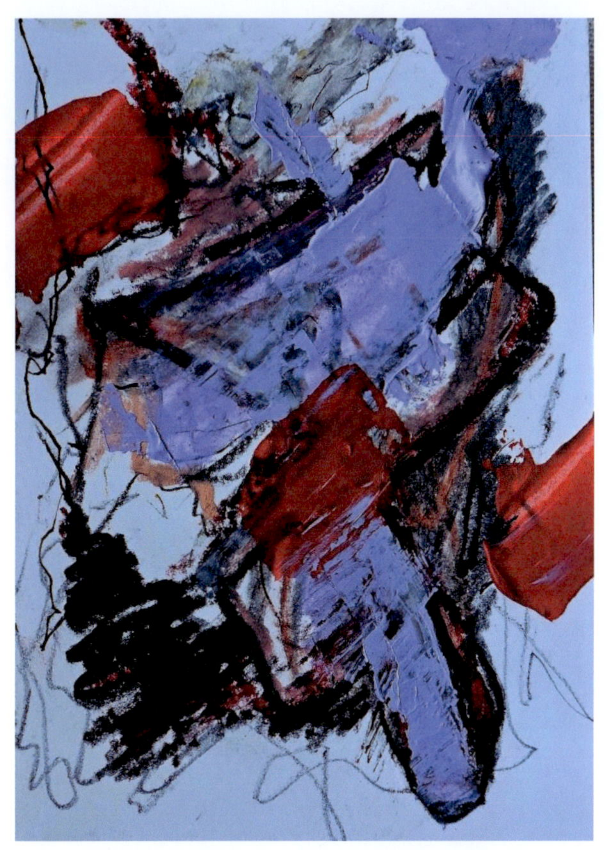

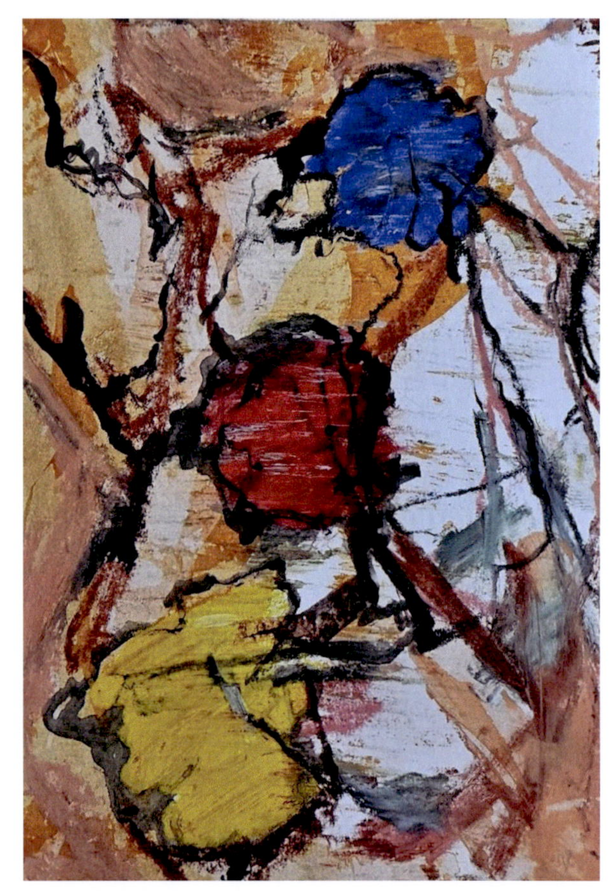

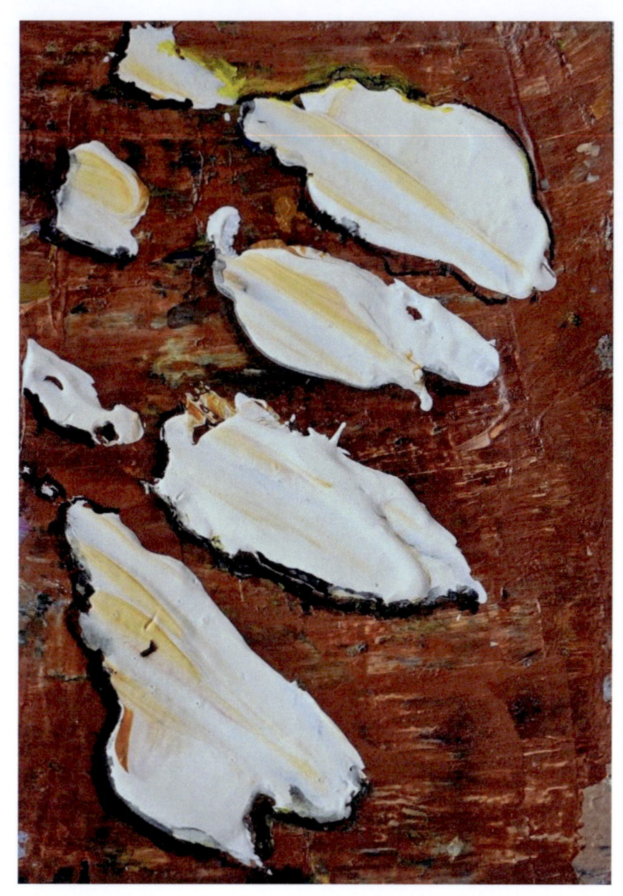

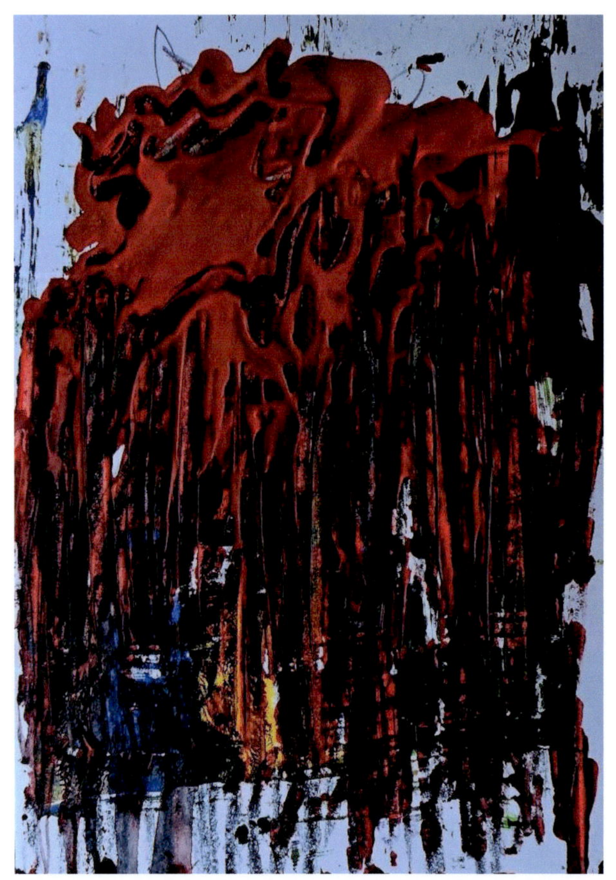

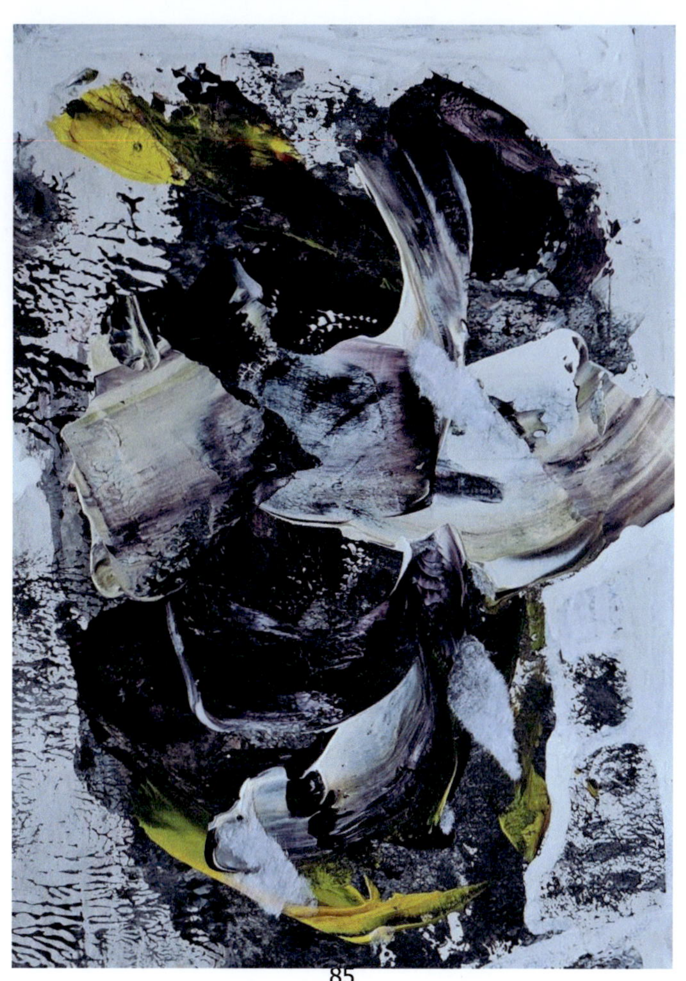

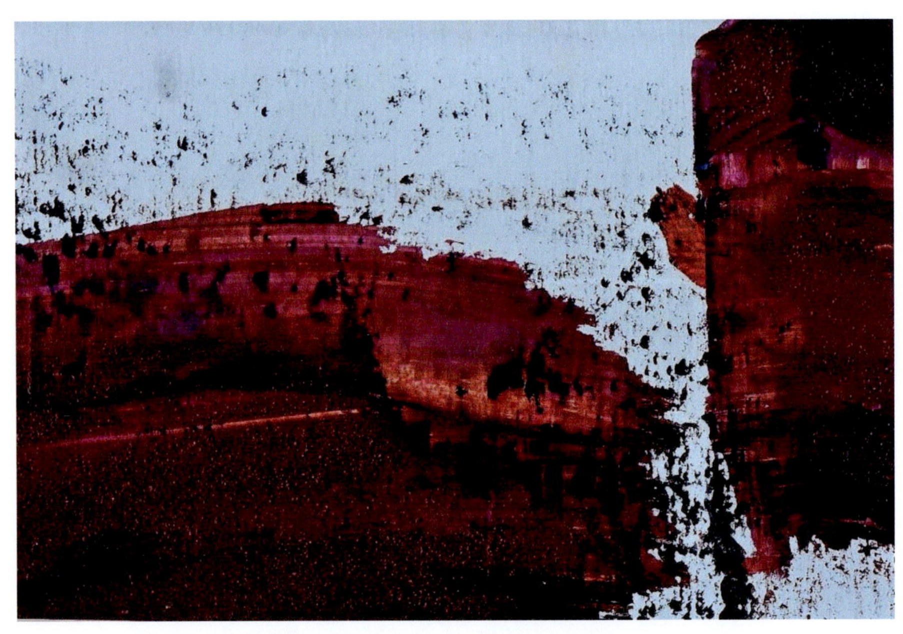

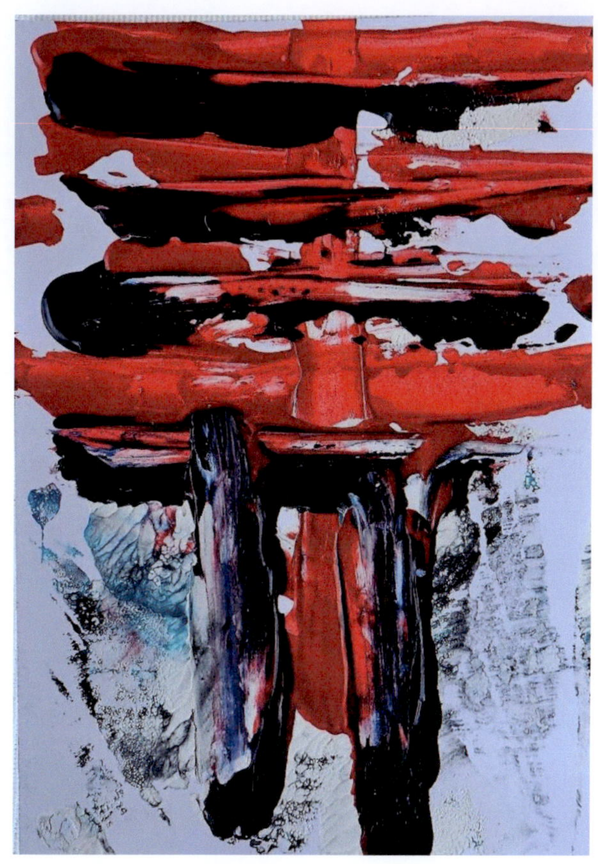

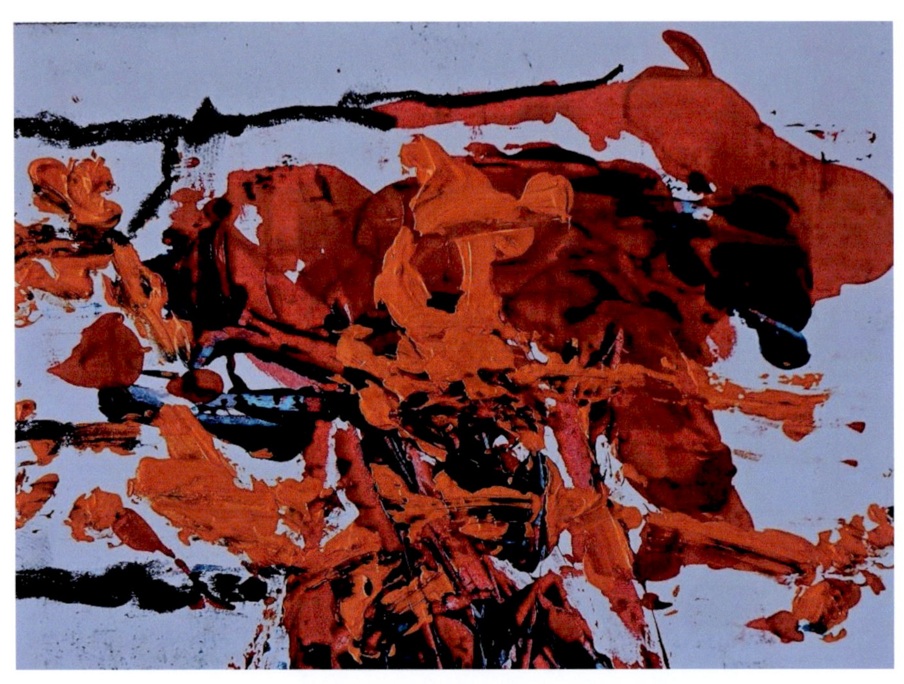

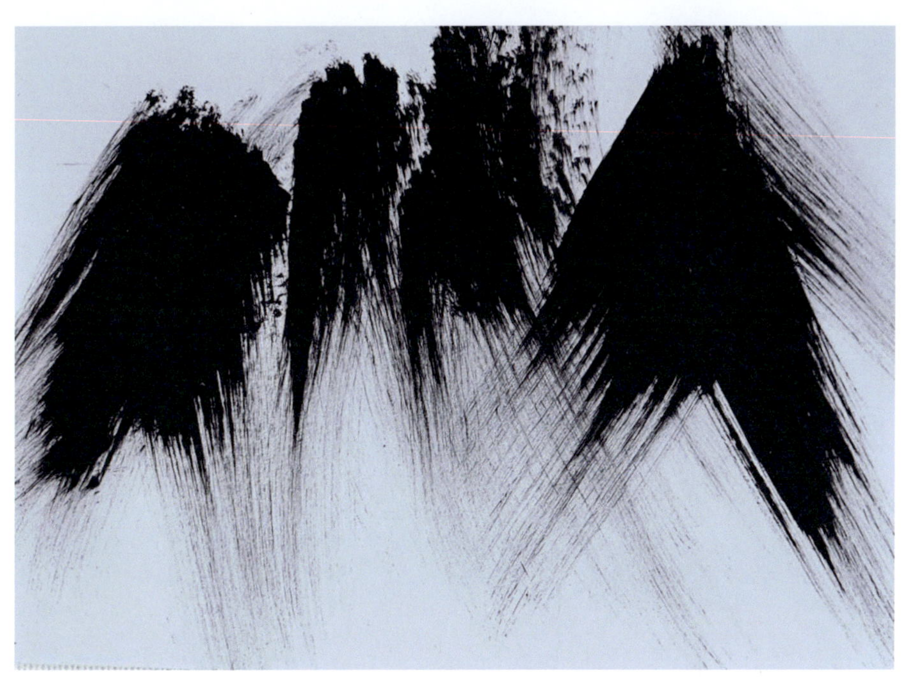

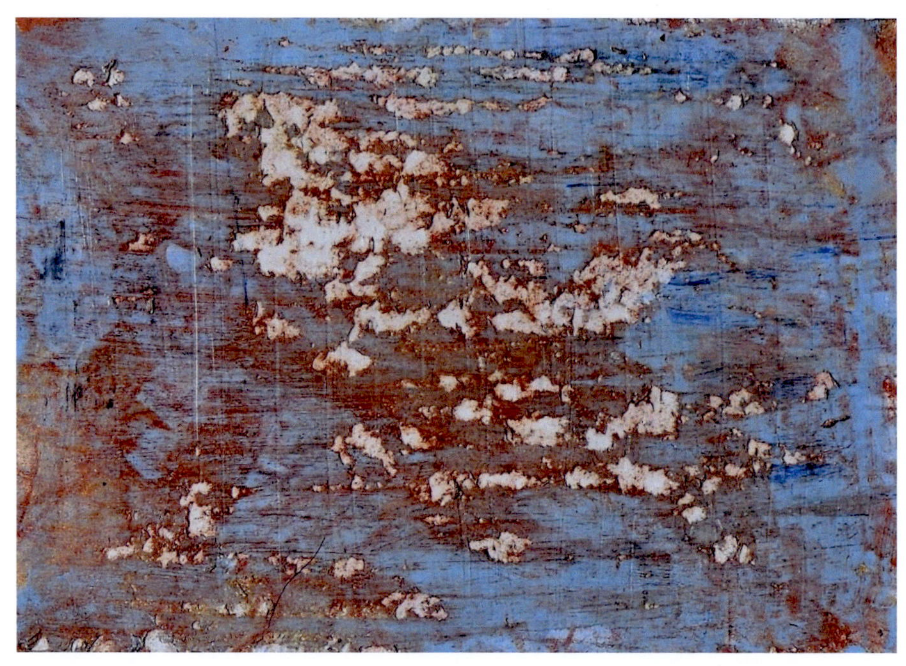

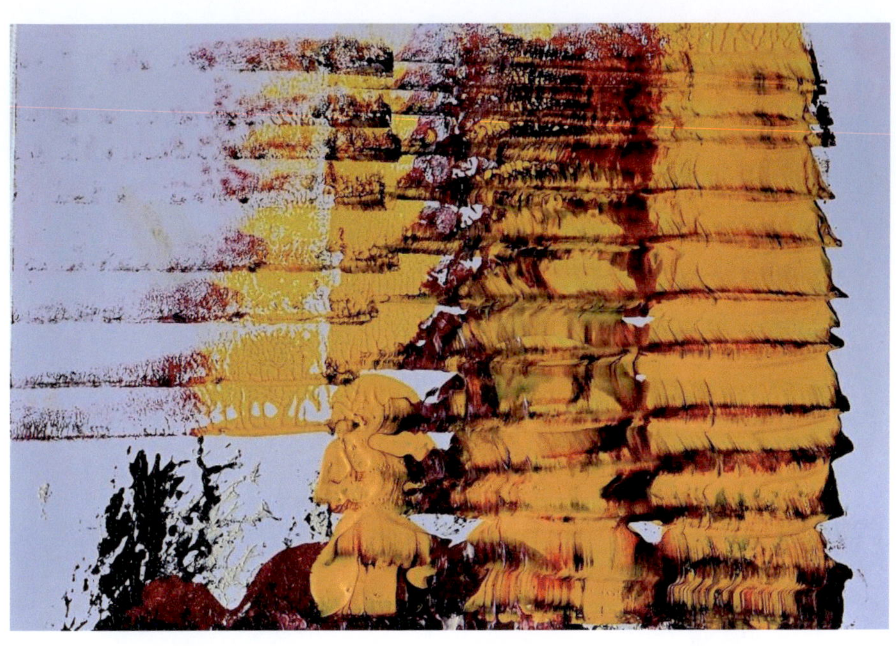

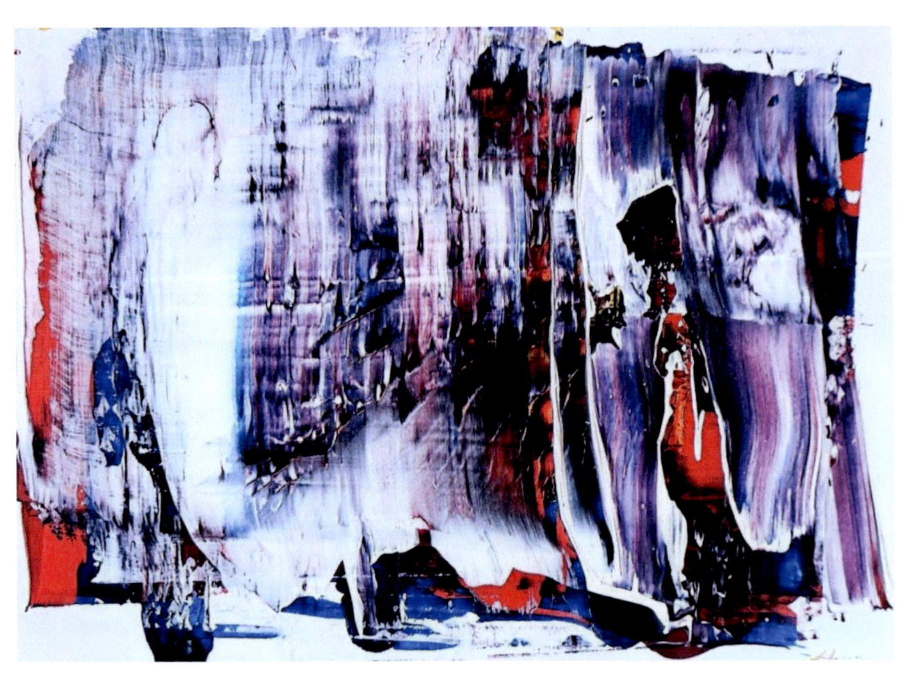

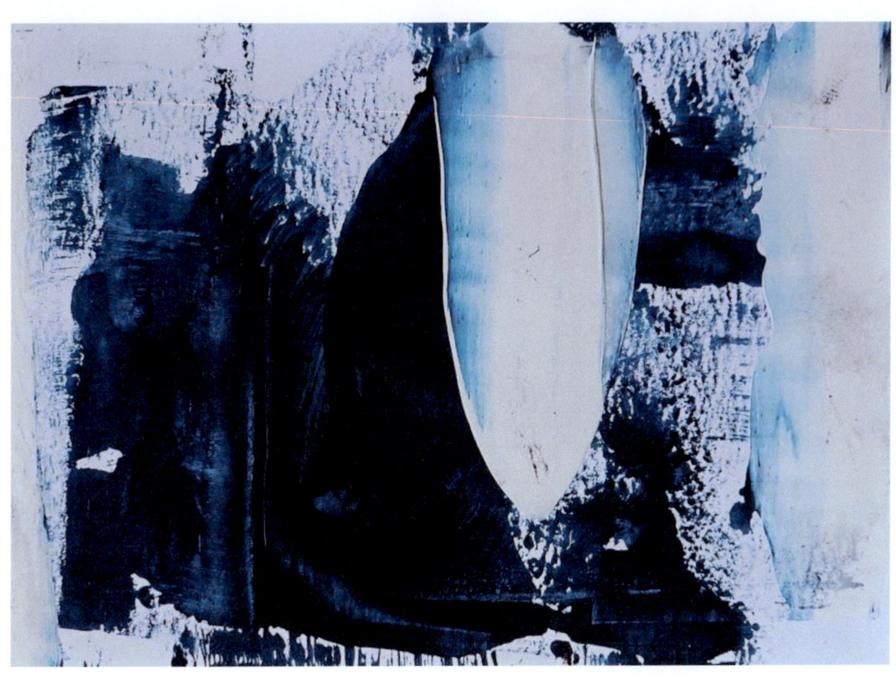

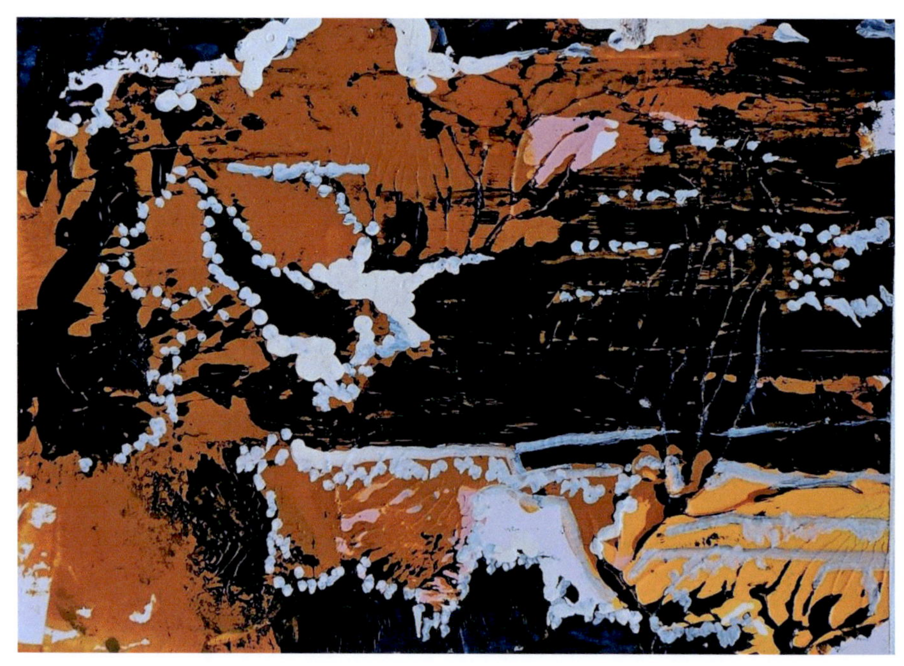

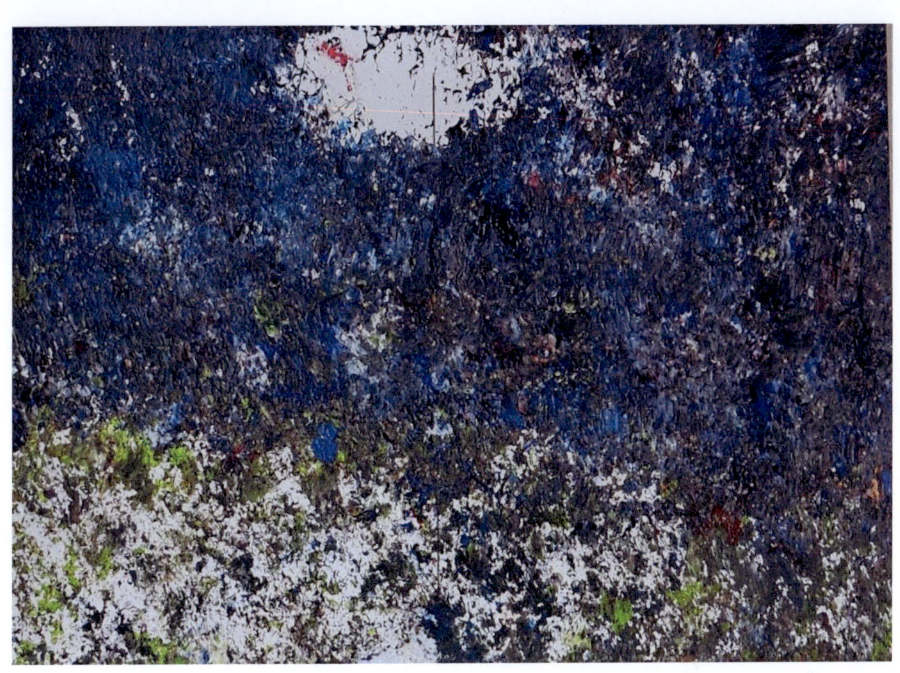

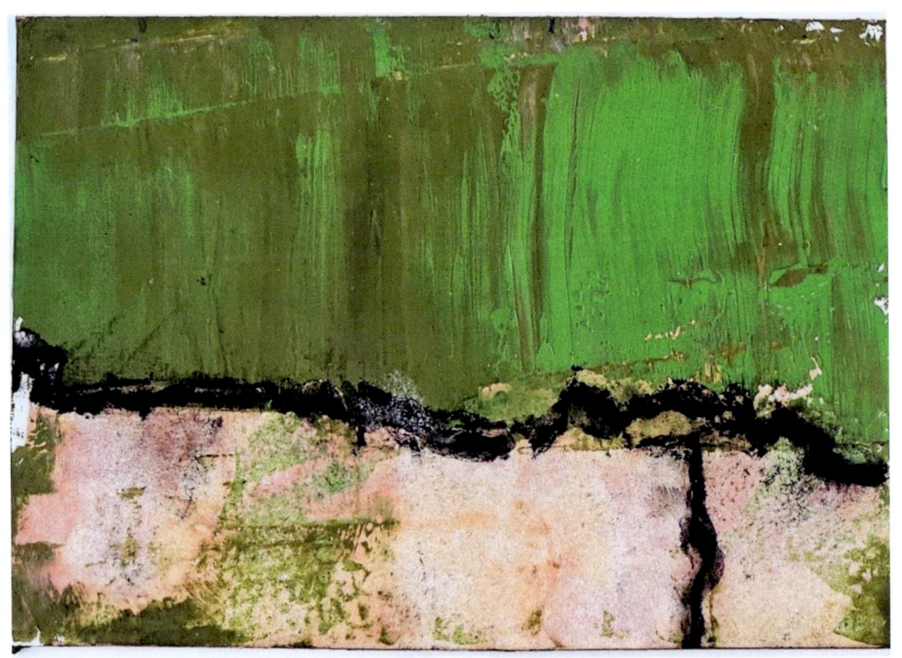

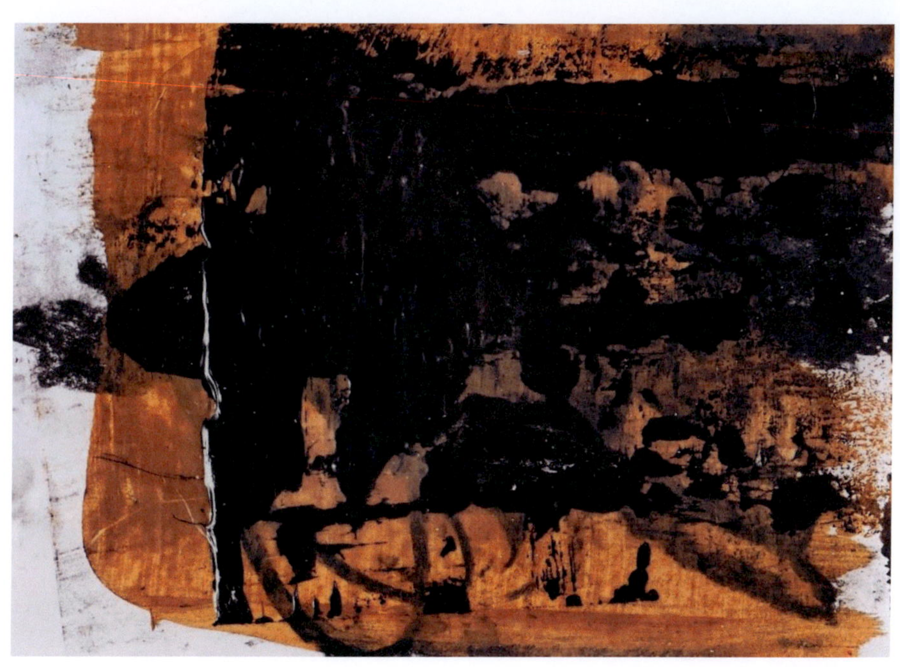

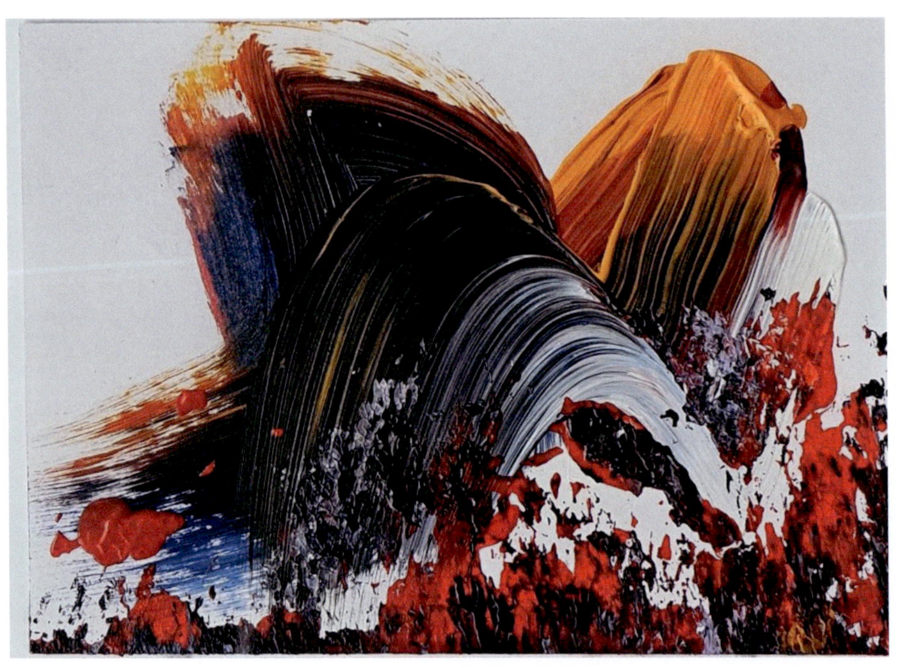

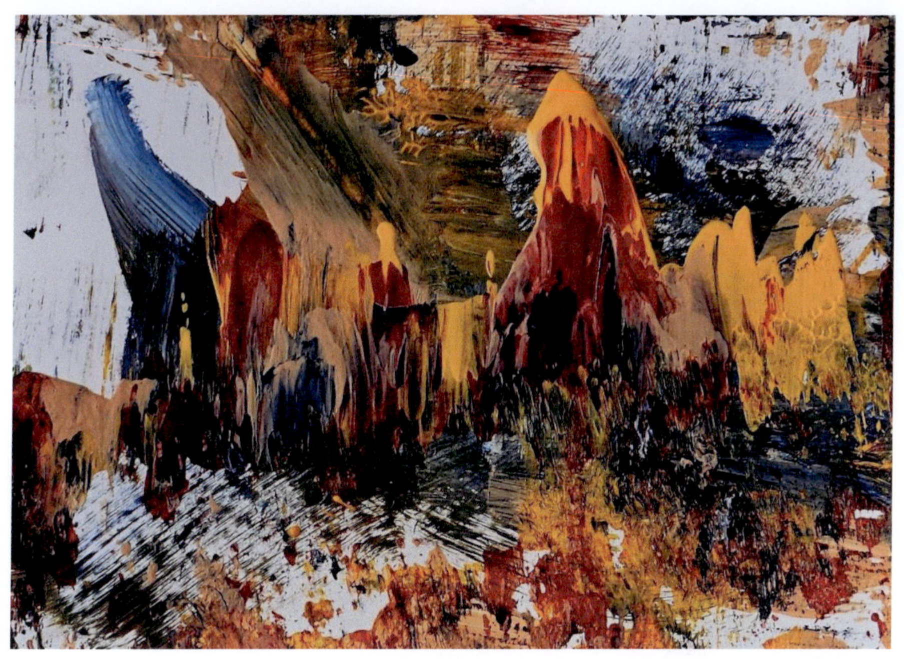

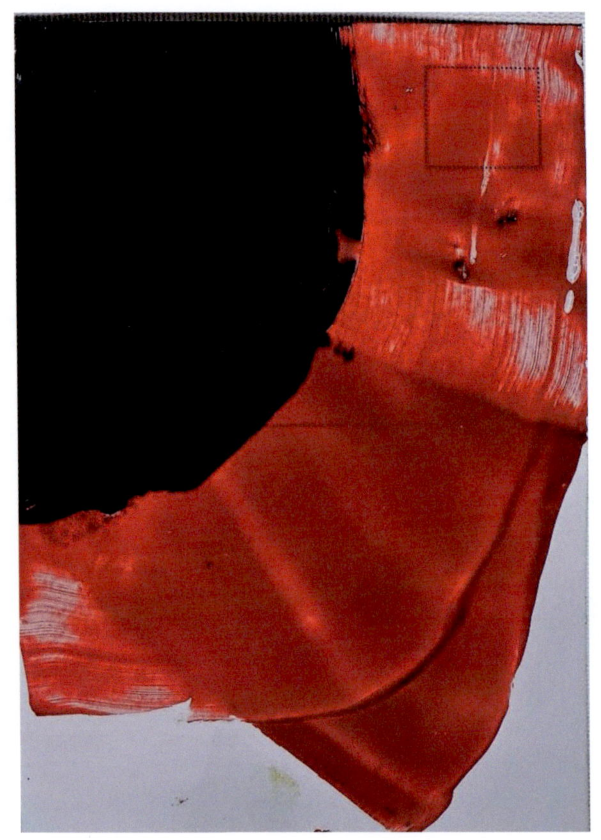

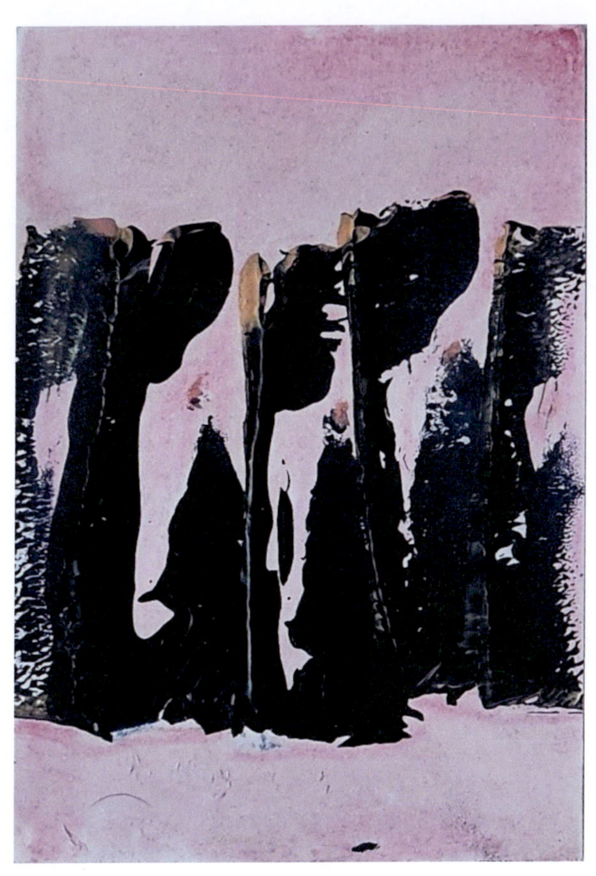

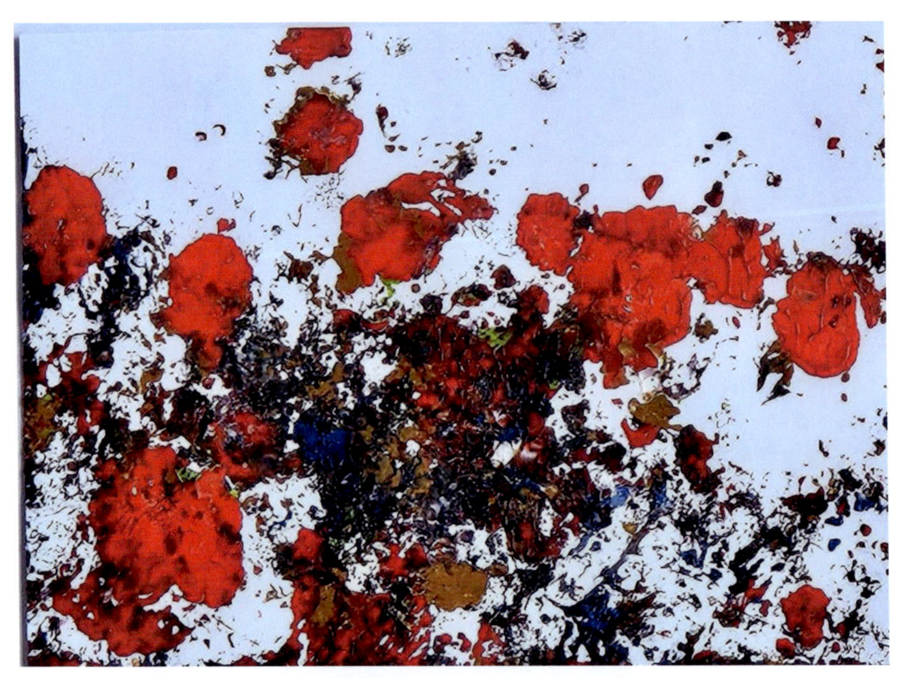

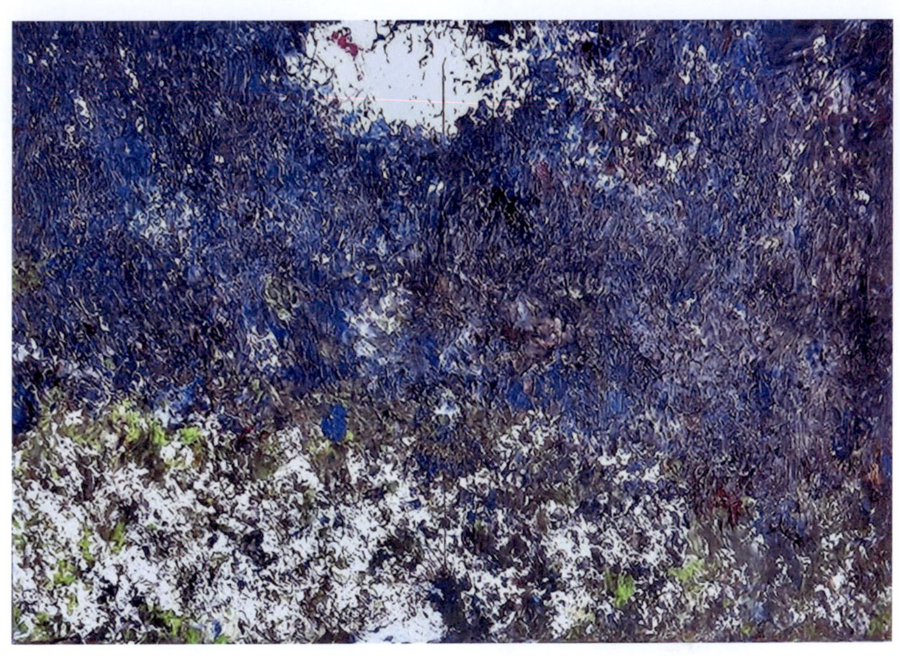

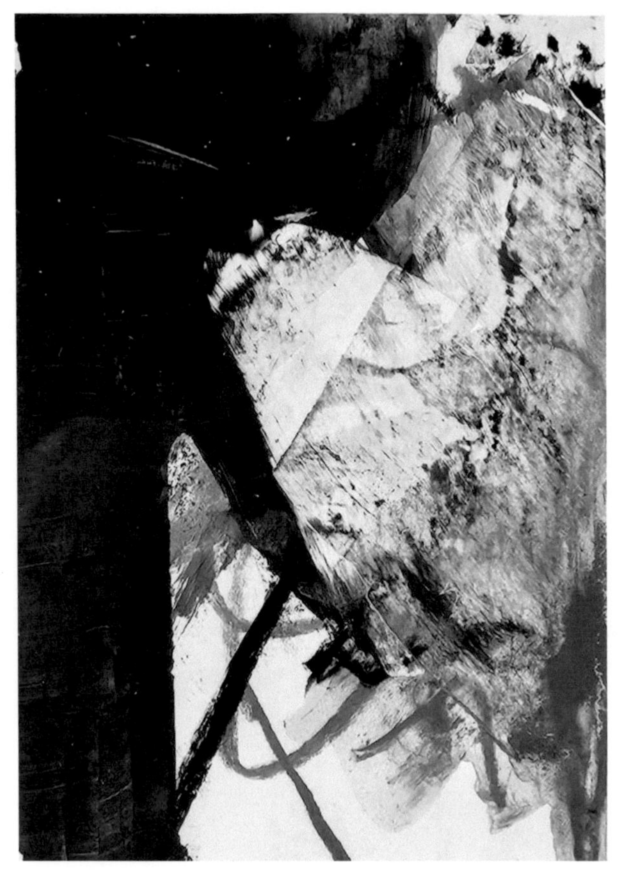